HACKER

Marwan Ouarab

HACKER

FIRST
ÉDITIONS

ISBN : 978-2-412-10466-8
Code éditeur : S10466/01
Dépot légal : octobre 2025
Imprimé en France par Normandie Roto Impression s.a.s. (2504131)
en septembre 2025

Avec la collaboration d'Anthony Mansuy
Correction : Laurent Palet et Anne-Lise Martin
Mise en pages : Stéphane Angot

Éditions First, un département d'Édi8
92, avenue de France
75013 Paris – France
Tél : 01 44 16 09 00
Email : firstinfo@efirst.com
Site Internet : www.lisez.com

Sommaire

Introduction

Il est pile 6 heures du matin. Premier jour du déconfinement. Je dors paisiblement en caleçon dans le lit de mon grand frère, dans notre petite chambre à Ris-Orangis, quand notre porte d'entrée vole en éclats sous les coups d'un vérin hydraulique.

Boum !

Le bruit de l'explosion réveille tout l'immeuble. Dans les secondes qui suivent, des silhouettes en noir déferlent dans l'appartement. Casques, gilets pare-balles, l'écusson « Police » en tissu texturé. Mon petit frère se retrouve menotté et plaqué au sol, le visage contre le parquet. Ma mère aussi, en pyjama, terrorisée.

Et moi, debout en caleçon au milieu de ce chaos, j'entends la phrase qui va marquer ma vie :

« Marwan Ouarab, vous êtes placé en garde à vue pour tentative d'assassinat. »

Ma mère devient livide. Elle s'effondre. Mes frères me regardent avec des yeux ronds. Dans leurs têtes, leur frère vient de devenir un monstre.

Cette scène ? C'est le point de non-retour de ma vie. Le moment où j'ai compris que mes talents, mon intelligence, mes compétences, tout cela pouvait soit me détruire définitivement, soit me sauver.

Spoiler alert : j'ai choisi la seconde option. Mais le chemin pour y arriver... putain, quel chemin.

Aujourd'hui, je dirige FindMyScammer. Une société qui aide les victimes d'escroquerie numérique à retrouver leurs escrocs et récupérer leur argent. Je travaille avec des gouvernements, des célébrités, des ambassades. Brad Pitt lui-même a réagi publiquement à l'une de mes enquêtes. Les commissariats de police recommandent mes services à leurs victimes. Ma mère, qui a passé des années à avoir honte de moi, me dit maintenant qu'elle est fière.

Mais, il y a quelques années, j'étais de l'autre côté de la barrière. J'étais celui qu'on traque aujourd'hui.

L'escroc. Le manipulateur. Celui qui arnaquait des familles entières avec un sourire et une assurance déconcertante. J'ai escroqué près de 100 000 euros en vendant de fausses places de concert. Je me suis fait tabasser par un policier que j'avais lui aussi arnaqué. Et, donc, j'ai été accusé – à tort, je précise – de complicité dans un projet de meurtre commandité par une femme contre son ex-mari.

Comment le gamin de banlieue qui traficotait des billets de concert est-il devenu l'expert en cybersécurité qui traque les escrocs internationaux ? Comment ai-je appris à retourner mes propres armes contre ceux qui les utilisent aujourd'hui ?

Pour le comprendre, il faut revenir un peu en arrière. En 2020, à une époque où j'étais au fond du trou. Complètement au fond. Je passais mes journées sur le parking du stade Émile-Gagneux à Ris-Orangis, dans ma bagnole, avec un MacBook sur les genoux, à fumer clope sur clope en tentant de comprendre pourquoi ma vie partait en vrille.

Je découvrais que, après avoir arnaqué des gens, j'avais moi-même été arnaqué pendant un an et demi. Oui, vous avez bien lu : l'escroc s'était fait arnaquer. L'ironie était cruelle, mais elle portait en elle les germes de ma rédemption. Cette trahison, cette douleur qui me consumait, allait m'obliger à développer des compétences que je n'imaginais même pas posséder.

C'est là, entre deux volutes de fumée et des litres de Coca, que j'ai découvert l'OSINT – *Open Source Intelligence.* Cette discipline qui permet de retrouver n'importe qui avec juste quelques indices numériques. D'abord pour assouvir ma soif de savoirs, puis pour aider quelques collectionneurs de montres qui se faisaient arnaquer sur Facebook.

Fast forward cinq ans plus tard : je suis assis dans un restaurant étoilé des Champs-Élysées en face du fils d'un oligarque qui me propose 80 000 euros d'avance plus 1 % de commission sur tout ce qu'on arrive à identifier et faire saisir comme patrimoine caché d'un chef d'État. Les sommes perçues grâce à ce contrat se chiffreront en millions.

Entre ces deux moments, il s'est passé quelque chose d'extraordinaire. J'ai compris que mes compétences d'ancien escroc, mes réflexes de manipulation, ma connaissance des failles humaines, tout cela pouvait servir le bien au lieu de favoriser le mal. Et que cela pouvait rapporter bien plus gros que mes petites arnaques de banlieusard.

Ce que vous allez découvrir dans ce livre va plus loin que ma petite histoire personnelle. Dans les pages qui suivent, vous sera aussi dévoilé l'envers du décor de notre époque. Nous vivons une guerre invisible, une guerre numérique où les armes sont les algorithmes, où les champs de bataille sont nos Smartphones, où les victimes sont souvent celles qui ne comprennent pas les règles du jeu.

Chaque jour, des milliers de personnes se font cyberarnaquer ou pirater, de milliers de façons différentes, par des mecs installés dans des cybercafés à Abidjan, Phnom Penh ou Montreuil. Des grands-mères perdent les économies de toute une vie en croyant correspondre avec leur acteur préféré sur Facebook. Des P.-D.G. se font escroquer des millions par le biais de faux virements que leurs comptables croient légitimes.

Et en face ? Des institutions traditionnelles dépassées. Des procédures officielles trop lentes. Des experts qui ne comprennent pas toujours les codes de la rue numérique. Ainsi, on fait appel aux mercenaires, aux francs-tireurs, à ceux qui naviguent dans les zones grises.

Ce mercenaire, c'est moi. Je ne suis pas un soldat de l'État, pas un flic, pas un justicier. Un mercenaire. Quelqu'un qui utilise les armes de l'ennemi pour servir ceux qui se font avoir. Et, parfois, quand j'ai un petit peu de temps libre ou que l'affaire me touche, quelqu'un qui bosse gratis pour sauver des vies.

Mon apprentissage, je ne l'ai pas fait dans une école d'ingénieurs ou à Polytechnique. Je l'ai fait dans des recoins d'Internet qui ne vous diront probablement rien, mais que vous apprendrez à découvrir : les groupes Telegram de doxxeurs, les communautés Discord de l'OSINT et divers sites comme BreachForums. J'ai appris le langage de code Python, tout seul, avec ChatGPT comme prof.

Cette formation « alternative » m'a donné un avantage que n'ont pas les experts traditionnels : je connais les deux côtés. Je sais comment pensent les escrocs parce que j'en ai été un. Je connais leurs techniques parce que j'en ai inventé certaines. Je comprends leurs failles parce que j'ai eu les mêmes.

Quand une victime me dit :

« Mais comment ai-je pu être aussi bête ?

Je lui réponds :

– Vous n'avez pas été bête. Vous avez été hacké. Et celui qui vous a hacké, c'est un professionnel qui maîtrise mieux la psychologie humaine que 90 % des psychologues. »

L'une des choses les plus troublantes que vous allez découvrir, c'est qu'il n'y a pas de différence technique entre manipulation criminelle et investigation légitime. Quand je me fais passer pour un faux client pour piéger un escroc, j'utilise exactement les mêmes méthodes que lui. Quand je crée un faux profil de femme pour appâter un brouteur, je joue le même jeu que les criminels que je traque. Quand j'envoie un lien piégé pour récupérer l'adresse IP d'un harceleur, j'utilise les mêmes techniques que les hackers.

Cette zone intermédiaire fait que je me retrouve quotidiennement au milieu d'histoires qui paraissent inventées tant elles sont dingues. Il y a par exemple cette femme de 47 ans, libraire, qui était persuadée d'être l'amie de plusieurs stars qui passaient leur temps à lui demander de l'argent. Ou ce grand sportif qui a failli se faire « violer par ruse » (son expression) par un fan hollandais obsessionnel qui avait créé un faux profil de femme pour l'attirer dans un piège. J'ai réglé cette affaire depuis ma terrasse d'hôtel à Barcelone, pendant que mes cousins rigolaient en arrière-plan. Ou encore l'histoire de cette gamine de 14 ans, prostituée par des rappeurs de troisième zone dans un Airbnb de la région Occitanie. On l'a retrouvée et on a fait arrêter ses proxénètes en trois semaines, là où la police met 11 mois en moyenne.

Il y a aussi la fameuse histoire d'Anne, cette femme qui s'est fait escroquer 830 000 euros par un faux Brad Pitt, et qui est devenue malgré elle une célébrité mondiale après avoir été la risée d'Internet.

Et enfin, ce livre, c'est aussi un manuel technique déguisé. Vous allez apprendre comment fonctionnent réellement les escroqueries modernes. Pas la version édulcorée qu'on vous raconte dans les médias, mais la vraie mécanique, vue de l'intérieur.

Attention : ces techniques évoluent dans une zone grise juridique. Certaines flirtent avec l'illégal. Toutes sont efficaces. Mais elles ne doivent être utilisées que par des professionnels, dans un cadre légal, pour aider des victimes. Si vous décidez de reproduire ces méthodes pour faire du mal, vous n'avez rien compris à ce livre. Et vous me rencontrerez certainement, un jour ou l'autre, sur votre chemin.

J'espère que, quand vous aurez fini ce livre, vous n'aborderez plus Internet de la même façon. Vous saurez reconnaître un brouteur avant qu'il ne vous ferre. Vous comprendrez pourquoi votre banque vous appelle pour « vérifier vos données » (faites très, très, très attention lorsque votre banque vous appelle avec ce genre de prétexte et rappelez immédiatement le bon numéro). Vous développerez ce sixième sens numérique qui fait la différence entre une victime et un survivant. En définitive, le vrai message de ce livre, c'est qu'on peut tous changer de camp. Qu'on peut passer de victime potentielle à internaute avisé. Qu'on peut utiliser nos talents pour construire plutôt que pour détruire. Même quand on a touché le fond. Même quand votre propre mère a honte de vous. Même quand les flics défoncent votre porte à 6 heures du matin en vous accusant de tentative d'assassinat.

Que la partie commence.

1.

Genèse d'un escroc

Si je devais résumer ma transformation en une seule scène, ce serait celle-ci : moi, 19 ans, assis dans ma Smart sur le parking de Montereau-Fault-Yonne, tenant 5 000 euros en espèces que je viens d'escroquer à un certain « Monsieur Bartel » qui voulait juste une piscine pour sa famille. Dans ma poche, un téléphone jetable Lebara acheté le matin même. Dans ma tête, un plan millimétré répété 100 fois. Sur mon visage, pas la moindre trace de culpabilité. Juste la satisfaction du travail bien fait.

Comment en suis-je arrivé là ? Comment un gamin de banlieue modeste devient-il capable d'arnaquer des milliers d'euros en se faisant passer tour à tour pour un constructeur de piscines, un avocat dans un cabinet parisien ou un conseiller financier spécialisé dans le trading crypto ? La réponse est plus complexe qu'il n'y paraît. On ne naît pas escroc, on le devient. Étape par étape, mensonge par mensonge, rôle après rôle, jusqu'à ce que l'imposture devienne une seconde nature, et que mentir avec assurance soit aussi naturel que respirer.

Tout commence en 1996, à Évry, en Essonne. Famille marocaine de Casablanca, modeste, mais soudée, où ma mère, agent de voyages chez Look Voyages, fait des miracles avec un budget serré et où mon père, handballeur professionnel, court après un salaire qui n'arrive jamais vraiment. J'ai grandi à Ris-Orangis – toute ma famille y vit encore aujourd'hui. Ma mère a cinq frères et sœurs aussi issus de Ris-Orangis, j'ai huit cousins et cousines dans la même ville. Mon enfance était rythmée par les réunions de famille, chez ma grand-mère, ou alors chez ma tante. Tout le temps du monde, ça rigolait tout le temps. L'archétype de la famille qui se démerde comme elle peut, qui compense l'absence d'argent par la présence et la chaleur humaine.

La relation entre mes parents se détériore, créant une instabilité continue que ma mère essaie de masquer par un amour débordant pour ses trois fils. Puis, quand j'ai 4 ans, coup de théâtre qui va marquer ma vie : du jour au lendemain, je suis sans nouvelles de mon père. Ma mère, dans sa volonté de nous protéger, ne nous explique rien. Elle fait comme si de rien n'était, comme si papa était juste parti en voyage d'affaires un peu long. Moi, gamin de 4 ans, j'enregistre un truc fondamental : les adultes peuvent mentir. Les adultes peuvent faire semblant que tout va bien alors que le monde s'écroule. Les adultes maîtrisent l'art de l'illusion. Premier ingrédient de l'escroquerie : comprendre très tôt que la réalité est manipulable.

Pendant des années, je vais en vouloir à ma mère, la rendant responsable du départ de mon père dans ma logique d'enfant. Je deviens turbulent, insupportable à l'école. Au CP, je déclenche volontairement des problèmes pour que l'école appelle mon père. Peut-être viendra-t-il me voir ? Peut-être comprendra-t-il qu'il lui manque quelque chose ? Je n'avais aucun autre moyen de le contacter. Les convocations s'accumulent, ma mère se déplace à chaque fois, honteuse et fatiguée, mais lui reste invisible. J'ai compris en 4e ou en 3e que les liens avec mon père étaient rompus et qu'il nous laissait tomber, en comparant mon histoire à celle des copains-copines de l'époque. C'est ici que se trouve le deuxième ingrédient de mon parcours : avec cet épisode, j'ai appris que, pour obtenir une réaction, il faut savoir jouer avec le système.

À 7 ans, moment décisif de mon parcours : on me met devant le premier ordinateur familial. Internet débarque à la maison comme une révélation absolue. On découvre Internet, on se prend une claque monumentale. On se dit : « Mais attendez, c'est un truc de fou ! » On se met à surfer sur le Net, télécharger des jeux, et c'est là que moi, perso, je tombe dedans sans forcément m'en rendre compte. Il existe un monde parallèle, accessible depuis sa chambre, où on peut télécharger des jeux gratuitement, regarder des trucs interdits, discuter avec des inconnus du monde entier ?

Cette période marque ma véritable entrée dans l'univers de la transgression organisée. Je passe des heures à apprendre comment contourner les protections. Les prémisses du hacking dans ma vie viennent de là, grâce à des tutoriels qui m'ont permis d'apprendre à « flasher » des consoles de jeux PSP ou à « jailbreaker » les premiers iPhone. Il y avait ce qu'on appelle des « flashs », des ROM qu'on insérait dans la carte mémoire de la PSP et qui permettaient d'avoir accès à tout le catalogue de la console sans payer les jeux. Pour les iPhone, c'était tout aussi simple : il n'y avait qu'à télécharger l'application Cydia *via* le navigateur de l'iPhone et à savoir le passer en mode DFU (mode récupération). Troisième ingrédient : développer un rapport instinctif à la transgression technique, comprendre qu'il y a toujours une faille à exploiter quelque part.

C'est au collège que j'ai trouvé le quatrième ingrédient de ma formation d'escroc : l'humour et la repartie peuvent transformer n'importe quelle faiblesse en force. Dès la 6e, ça s'est passé très, très, très mal. Je suis très complexé par mon poids – je suis gros, 1,65 m pour 87 kg à 13 ou 14 ans –, j'ai beaucoup de connaissances, mais peu d'amis, j'ai dû me créer une carapace dans laquelle j'étais le clown, le marrant. J'avais beaucoup de repartie, et je ne supportais pas que quiconque me fasse une réflexion, quelle qu'elle soit. On m'avait déjà proposé en CP de sauter une classe, ma mère a refusé et je l'avais mal vécu. J'ai toujours eu le sentiment d'avoir plus de capacités. Au collège, j'avais la sensation de m'ennuyer en cours, je me faisais exclure, j'étais le clown de la classe, toujours une vanne dans la manche, à savoir retourner n'importe quelle situation à mon avantage sans me laisser démonter. Cette technique marche tellement bien que je deviens rapidement le centre de l'attention. Tout le monde veut traîner avec le mec drôle.

Je me suis fait virer de mon premier collège en 4e, après avoir été surpris en flagrant délit de tag. J'avais inscrit en grandes lettres sur le mur du bâtiment A : « Madame Duval m'a tuer. » Ironie du sort, c'est la principale elle-même, madame Duval, qui m'a pris le marqueur à la main face au mur. Ainsi, j'ai changé de collège, et ai été affecté dans un collège d'une ville voisine. Malheureusement, à l'époque, le climat en banlieue n'était pas toujours évident entre villes voisines. C'est ainsi que je me suis retrouvé au collège Paul-Éluard d'Évry : au bout de deux mois, lorsque certains élèves ont fini par comprendre que je venais de Ris-Orangis, j'ai eu le droit à un guet-apens en bonne et due forme. À la sortie du collège, j'étais attendu par plus de vingt jeunes d'Évry ; je me suis fait lyncher copieusement ce jour-là. J'ai donc de nouveau changé de collège, et c'est là que mon père est réapparu. Je suis parti vivre chez lui. Mais, en réalité, j'ai d'abord habité chez ma grand-mère à Verrière-le-Buisson, et j'ai raté un trimestre à cause de cela. Ensuite, j'ai quitté ma ZEP pour un collège de « fils à papa », comme je disais à l'époque, à Saint-Maur. Il y avait des chrétiens, des juifs, des musulmans, des Asiatiques... Il y avait de tout, et c'est là que je me fais des amis d'autres cultures, d'autres horizons que la banlieue et la cité. Choc culturel total qui va transformer ma vision du monde. Et moi, le petit Marwan de Ris-Orangis, je dois m'adapter rapidement ou couler. Cinquième ingrédient crucial : apprendre à décrypter différents codes sociaux et à m'y adapter parfaitement. Avec les bourgeois de Saint-Maur, je joue naturellement le gamin poli et éduqué. De retour à Ris pendant les week-ends, je redevenais automatiquement le jeune de banlieue typique.

L'année scolaire finie, mon père a décidé que je devais retourner chez ma mère. Retour à Ris, puis inscription au collège Jean Lurçat, qui fut au passage mon dernier collège. Cette fois, je canalise ma popularité vers quelque chose de constructif. Dès la rentrée j'ai été élu délégué de classe, délégué du collège… Passer d'être jugé en conseil de discipline à « j'assiste aux conseils d'administration et aux conseils de discipline et je représente les élèves », c'est un truc qui m'a fait aimer l'école. Tous les potins de la cour de récré passaient par moi. Je n'avais que des amis, c'était cool, jusqu'à ce que j'arrive au lycée.

Septième ingrédient décisif : découvrir le pouvoir immense de l'information et du réseau social, comprendre que celui qui centralise l'information détient un atout considérable sur son environnement. Je deviens le centre névralgique de l'information de l'établissement. Le lycée, c'est l'échec total et spectaculaire. J'étais fumeur, j'étais très absent… j'ai fini par ne plus y aller du tout. J'ai redoublé ma 2de. Et c'est là qu'on en arrive à Marwan, 18 ans, dans sa seconde 2de. Ma mère, qui bossait donc dans une agence de voyages, m'a dit : « T'as 18 ans, donc soit tu continues les études soit tu travailles. » Ils cherchaient des animateurs à l'étranger, donc j'arrête la 2de, et je pars travailler dans un club de vacances à Majorque.

Avant et après Majorque, où je suis resté quelques mois, je me mets aussi à faire mes premières arnaques. Ma première vraie « création artistique » dans le domaine de l'escroquerie, c'était l'arnaque aux places de cinéma. Dans certaines grandes chaînes de cinémas, à l'époque, ils avaient des cartes, dans le cadre d'une offre d'abonnement au ciné, qui coûtaient une cinquantaine d'euros par mois pour y aller en illimité. En outre, les gens allaient sur les forums de cinéma pour donner leur numéro de carte aux nouveaux abonnés, afin de les parrainer et de gagner d'autres avantages, tels que des points leur permettant de consommer gratuitement des confiseries.

Avec mon cousin, on s'est rendu compte que les numéros de carte servaient aussi à réserver des places de cinéma, avec lesquelles on pouvait accéder aux salles sans problème. Ce que j'ai fait ? Je me suis mis à prendre tous les numéros de cartes d'abonnement de ces cinémas que je trouvais – près d'une centaine – et, ainsi, j'avais des places de ciné illimitées partout en France. Je me suis donc mis à vendre des places pour 5 euros seulement, et des cartes d'abonnement cinéma. C'était la fête du ciné toute l'année avec moi. Je les mettais en vente sur Facebook, Leboncoin, des annonces de ventes, et les gens me contactaient en masse pour les acheter.

Est-ce que je me sentais coupable ? Je dois admettre qu'à l'époque, pas vraiment. J'avais cette mentalité de chercher des failles. Et, quand tu tombes sur une faille, tu l'exploites. Je me disais qu'ils n'avaient qu'à régler ce problème plutôt que d'avoir de tels trous béants dans leur système.

La combine marche pendant des mois, jusqu'au jour où je vends des Pass à un mec. Je vendais 150 euros le Pass, ça faisait 300 euros en espèces, et le lendemain le gars m'appelle : « Rembourse-moi, ton truc ça marche pas. » Sauf que je ne l'avais déjà plus, son argent. Ainsi le gars me dit : « OK, pas de problème, on va trouver un arrangement. » Sans que je le sache, il demande à sa femme de m'appeler en se faisant passer pour une cliente et fixe un rendez-vous.

Je lui ai dit de me retrouver devant un bâtiment près de chez moi. La dame arrive en Renault Scenic grise, je me dirige vers elle... et elle est au téléphone, elle ne descend pas sa fenêtre ni de sa voiture. Je me dis « c'est quoi, ce manque de respect ? ». Là, je vois une voiture banalisée de police, ceux qu'on appelle les Batman à Paris : ces escadrons de la Bac, de la Brav-M ou d'autres, qui déboulent avec des Mondeo banalisées noires, des gyrophares, ils sont cagoulés, ont l'uniforme civil, mais avec le brassard de police, et si t'as le malheur de te faire remarquer, ils te pètent la gueule direct. Quand tu croises les Batman à Paris, tout le monde sait qu'il faut savoir se faire discret. Quand je vois la voiture banalisée, elle descend. Dans la Mondeo, un seul type, qui descend aussi. Il me gaze et commence à me tabasser. Je ne comprenais pas qui c'était, je dis :

« Madame, appelez la police, je le connais pas ce type.

Elle me rétorque :

– Espèce d'enculé, t'as tout ce que tu mérites ! »

Les voisins étaient tous à la fenêtre et ont appelé la police. Quand la police arrive, ils ne cherchent pas à discuter, mon sang coulait, j'avais l'arcade sourcilière ouverte sur trois centimètres, le visage maculé de sang et un malabar de 110 kg agenouillé sur mon torse. Mon agresseur interpelle tout de suite la police et leur balance : « Je suis un collègue ! » À ce moment-là, je me dis que je suis fini et que non seulement ce mec m'aura ouvert l'arcade, mais qu'en plus je vais devoir faire de la garde à vue… La double peine, quoi. À ma grande surprise, ils embarquent quand même le mec et m'appellent une ambulance. Je vais aux urgences de Corbeil-Essonnes me faire recoudre l'arcade sourcilière puis, sur leur demande, je retourne au commissariat. Ils m'incitent à déposer plainte, mais je suis encore trop dans l'état d'esprit cité, ambiance « il n'y a que les poucaves qui déposent plainte ». Je me dis « le gars, je viens de l'arnaquer de 300 euros, ça m'a coûté trois points de suture, je ne vais pas porter plainte ». Pour me venger, mes potes ont quand même été défoncer sa voiture pendant sa garde à vue…

Même si j'ai évité les ennuis judiciaires, j'ai préféré arrêter les arnaques aux cartes cinéma. Mais pas les arnaques tout court. Moi qui rêvais initialement de devenir comédien, je me suis dit « tu ne peux pas te payer le cours Florent, mais t'as besoin d'argent. Autant transformer ça en formation gratuite ». Je flaire une nouvelle possibilité sur Leboncoin. Sur ce grand marché de l'occasion, la plupart des gens vont dans la catégorie « offres », où l'on peut chercher ce qu'il y a à vendre. On connaît moins l'onglet « demandes », où les gens disent ce qu'ils cherchent.

Et, dans cette catégorie, il y a les prestations de service. J'ai décidé de répondre à ces annonces au culot, comme pour jouer un personnage. Dès 9 heures du matin, tous les jours, j'étais dans cet onglet et j'épluchais tout ce qui passait. Vous cherchez un plaquiste ? Un électricien ? Pas de souci. J'allais loin dans le truc. Et le plus dingue ? Ça marchait à chaque fois.

Au bout de quelque temps, après m'être fait passer pour un plaquiste, un électricien ou un avocat, en prenant quelques billets à chaque fois à mes vrais-faux clients, je réalise ce que je considérais à l'époque comme mon chef-d'œuvre absolu : l'arnaque de ce fameux « Monsieur Bartel ». Le mec cherchait à faire construire une piscine enterrée à Fontainebleau. Budget : 14 000 euros. Je suis passé faire un devis, je sais mettre à l'aise les gens comme j'étais animateur. Je suis aussi allé regarder des tutoriels publiés par Leroy Merlin, pour bien connaître l'univers des piscines, les listes de fournitures et adapter mon jargon. J'arrive avec mon petit déguisement, ma cravate, et je lui dis : « Faudra faire ceci, faudra faire cela », et on finit par tabler sur une piscine hors sol. C'était pas tout près de chez moi, j'avais dû passer le péage pour y aller, alors je me dis que j'allais au moins rentabiliser le péage et l'essence.

Mon plan c'était : j'arrive sur place, je lui dis : « Le matériel sera à votre charge », je l'amène sur un site de fournitures de piscines pour qu'il passe commande, et je lui demande de régler la main-d'œuvre et les honoraires. Tout se passe bien, le truc fonctionne. Je lui dis : « Je peux le faire pour 10 000 euros, mais il faut payer le matériel et la main-d'œuvre maintenant. » Il valide son panier sur le site, puis il me sort 5 000 euros en espèces. Dans ma tête c'est le feu d'artifice, mais je me contiens. Je pars de chez ce monsieur, il a reçu son matos quelques semaines plus tard, et en fait... voilà... je l'ai laissé avec son matériel et tous les outils pour faire sa piscine. Il m'avait payé en espèces et je suis parti. Je n'avais jamais vu autant d'argent. Et j'avais à peine 19 ans.

Après cette série d'expériences formatrices, j'avais acquis toutes les bases de l'imposture. Avec le recul, je me dis que tous les ingrédients étaient présents. Un trauma d'abandon qui m'apprend que les adultes mentent. Un ordinateur qui me donne le goût à Internet. Une adolescence où je développe l'art du personnage comme mécanisme de survie. Une capacité d'adaptation sociale acquise par nécessité. Un talent naturel pour le relationnel découvert à Majorque. Une situation économique qui transforme la créativité en nécessité. Ajoutez-y une dose de culot, une maîtrise des codes sociaux, et la conviction qu'il y a toujours une faille à exploiter quelque part. Ma philosophie à l'époque ? Une mentalité de hacker avant la lettre : identifier la vulnérabilité, l'exploiter, optimiser le processus.

Le truc, c'est que, vu de l'extérieur, ça a l'air facile. Mais derrière chaque arnaque réussie, il y a des heures de préparation. Maîtriser le vocabulaire technique. Étudier les prix. Anticiper les questions. Préparer sa sortie. Et surtout, avoir cette assurance absolue qui fait que le client ne doute jamais. Parce que si tu doutes une seconde, si tu hésites sur un terme technique, c'est fini. L'escroquerie, c'est 10 % d'inspiration et 90 % de transpiration.

À 19 ans, j'ai ma technique de base rodée. Je maîtrise l'art de l'imposture élémentaire. Je peux jouer quelques rôles, convaincre certains types de clients, m'adapter à certaines situations. Mais je ne suis encore qu'un apprenti. Cette première expérience va bientôt évoluer vers quelque chose de beaucoup plus sophistiqué.

2.

Le roi des billets

L'agression par le flic m'avait servi de leçon, mais pas celle qu'on pourrait croire. Au lieu de me calmer, ça m'a donné envie de perfectionner mes techniques pour éviter ce genre de mésaventure. C'est là que je vais passer de l'artisanat à l'industrie. Entre 2018 et 2019, je vais développer un système qui va me rapporter entre 90 000 et 100 000 euros, mais qui va aussi me mener tout droit vers ma première arrestation. Un sacré baptême du feu dans le monde de l'arnaque professionnelle, et une première porte d'entrée involontaire vers l'univers du hacking.

Ma trouvaille : fabriquer de fausses places de concert. Mais pas n'importe lesquelles. Les miennes, elles étaient sur mesure, fabriquées maison, avec un souci du détail qui aurait rendu fier n'importe quel faussaire de l'ancien temps.

Le principe était très simple : j'achetais une vraie place de concert, j'étudiais son code-barres comme un scientifique fou, et je pouvais ensuite interpréter et reproduire les autres. Un tour de passe-passe numérique, en quelque sorte. C'était ma création, pas un truc copié d'un tuto ou soufflé par un pote. Je voulais garder l'exclusivité absolue.

Les heures que j'ai passées à décortiquer ces fichus codes-barres ! Je scrutais chaque ligne, chaque espace, chaque variation de largeur. Et quand j'ai enfin cracké le système... cette sensation ! C'était comme découvrir la pierre philosophale. J'avais réussi à comprendre la logique derrière ces petites barres noires. Chaque concert avait son propre algorithme de génération, mais, une fois que tu maîtrisais les bases, c'était du copier-coller.

Rapidement, j'ai fait évoluer mon système avec une combine en or pour me fournir en matière première. À l'époque, un supermarché de mon quartier changeait d'enseigne. Et, dans cette transition commerciale, il y avait eu l'ajout d'un service : l'impression de billets de concert. Pour ce faire, ils avaient ramené des cartons entiers de billets vierges dans le magasin. Ce magasin était planté en plein milieu de la cité, autant dire un self-service pour les petits délinquants du coin.

Le truc, c'est que, pendant la transition, c'était le bordel total dans ce magasin. Les employés savaient plus qui faisait quoi, les stocks étaient éparpillés, la sécurité était aux abonnés absents. Un vrai gruyère de failles béantes. J'avais repéré le merdier depuis des semaines.

Un jour, je repère des gamins qui essayaient de voler de l'alcool. Une ampoule s'allume dans ma tête. Je les approche avec l'assurance du businessman : « Les gars, je vous file 100 euros si vous allez me voler un carton avec les billets roses dedans. »

Ils n'en revenaient pas. Cent euros pour 15 minutes de boulot, c'était effectivement le deal du siècle pour eux. En plus, ils étaient déjà dans le délire vol à l'étalage, donc moralement, ça ne changeait rien pour eux. J'avais juste externalisé le risque à des gamins qui n'avaient rien à perdre.

Une demi-heure plus tard, ils reviennent avec mon saint graal : un carton rempli de billets vierges de concert. Je leur file leur billet et me voilà avec un trésor entre les mains : au moins 1 000 tickets vierges officiels qui servaient à imprimer des places pour tous les événements du pays. À ce moment-là, je me dis que je viens de couper l'herbe sous le pied à tous les autres escrocs du secteur. J'avais la matière première officielle, la technologie pour l'exploiter et, surtout, l'exclusivité du procédé.

Ces billets vierges, c'était de l'or pur. Papier officiel, filigrane, texture, tout y était. Quand tu touches un vrai billet de concert, tu sens immédiatement la différence avec une impression maison. Le grammage, la rigidité, même l'odeur... tout était authentique parce que c'était authentique ! Je n'avais pas besoin de reproduire le support, j'avais juste à imprimer dessus.

Mon atelier de faussaire était d'une simplicité enfantine, mais d'une efficacité redoutable. Une imprimante HP des plus basiques, de la Patafix, mes précieux billets vierges, et le tour était joué. Mais derrière cette simplicité se cachait un processus minutieux que j'avais perfectionné au fil des semaines.

Je calibrais sur une impression à vide, sur une feuille A4, la dimension exacte du billet et l'endroit précis où il devait être imprimé. J'avais créé une matrice avec le nom du concert, la date, le numéro de siège, tout le tintouin. En collant mes billets vierges avec de la Patafix sur la feuille A4, j'arrivais à imprimer des places qui avaient l'air plus vraies que nature.

Le secret, c'était dans le positionnement au millimètre près. Un décalage d'un cheveu et ça se voyait direct que c'était un fake. Le système était au top, sauf que j'allais commettre des erreurs de débutant qui allaient me coûter très cher. Mais on n'en est pas encore là.

Après la logistique, la vente. J'imprimais les places et je les mettais en vente sur mon terrain de jeu préféré : Leboncoin. J'utilisais plusieurs numéros de téléphone, je compartimentais tout comme un vrai professionnel. Ma stratégie était claire et implacable : ne cibler que des événements en rupture de stock, où les fans sont prêts à doubler, voire tripler le prix de la place.

C'est la loi de l'offre et de la demande poussée à son paroxysme. Je ne ciblais que des stars internationales. J'avais 1 000 places, pas une de plus, donc il fallait les écouler intelligemment pour maximiser les profits.

Mon étude de marché était digne d'une école de commerce. Je surveillais les ventes officielles comme un trader surveille la Bourse. Dès qu'un concert affichait « complet » sur les sites officiels, je savais que c'était le moment de frapper. Les fans frustrés, désespérés, prêts à payer n'importe quoi pour voir leur idole… c'était ma cible parfaite.

Le premier concert que j'ai ciblé, c'était un truc de K-pop, le groupe BTS, pour leur première venue en France. Un véritable jackpot. Je n'avais pas prévu l'ampleur du phénomène qui allait suivre.

Putain, BTS ! On a eu un raz-de-marée de clients comme je n'en avais jamais vu. Pendant un mois, je faisais facilement 1 000 euros par jour, cash. Mille euros par jour ! À 19 ans, avec ma technique artisanale et mes billets vierges. Je n'avais même pas de voiture à l'époque. Un pote m'accompagnait pour les remises en main propre et je lui filais 300-400 euros par jour pour le service.

L'argent coulait à flots, et, pour la première fois de ma vie, j'avais l'impression d'avoir trouvé ma voie. Cette sensation de réussite, d'être enfin doué dans quelque chose… c'était grisant comme une drogue dure. Mon rythme de vie était devenu complètement dingue : je faisais 9 heures du matin-4 heures du matin, enchaîné à mon téléphone, à répondre aux messages, à organiser des rendez-vous, à imprimer des places.

Ma journée type ? Réveil à 9 heures, pour un check direct des messages de la nuit. Café en vitesse, et hop, direction l'ordinateur pour imprimer les commandes du jour. Puis c'était parti pour une journée de folie : rendez-vous dans toute l'Île-de-France, négociations au téléphone, gestion des stocks, planification des prochains coups…

Quand tu fais ça, tu n'es pas serein du tout. Et je vivais en permanence dans la peur de me faire arrêter. Les fins de journée, il n'y en avait pas, je ne débranchais jamais. Je dormais très peu, à peine quelques heures par nuit. Tout cela pour dire que je ne veux pas faire croire que c'était la belle vie. Quand tu plonges dans ce genre de business, tu n'es jamais serein. Jamais.

Après BTS et la K-pop, il y a eu une belle brochette d'événements prisés. J'avais développé une véritable science de la sélection d'événements, avec une centaine de coups comme ça, répartis selon les opportunités.

Si j'avais pensé qu'une des chanteuses de « Lady Marmalade » allait participer à ma chute...

P!nk, ce n'est pas comme BTS. Les fans de P!nk, ce sont des adultes matures, des papas et des mamans qui ont grandi avec ses tubes. Et P!nk, faut comprendre que c'est une artiste très écoutée par... les forces de l'ordre. Jackpot ! Dans le mauvais sens du terme.

J'aurais dû le voir venir, mais, dans ma tête de dealer de billets, je ne voyais que les chiffres : concerts complets, places à prix d'or sur le marché parallèle, clientèle prête à payer cash. Vous l'avez déjà compris. Oui, j'ai vendu des places pour P!nk à une policière. Quand elle m'a demandé si c'étaient de vraies places, j'ai dit oui avec mon plus beau sourire, sauf qu'au lieu de me croire sur parole (quelle idée !), elle a appelé le revendeur officiel du ticket pour vérifier.

Mon système était au top, sauf sur un détail : j'avais inscrit « Cultura » comme point de vente, alors que le vrai revendeur de cette place était la Fnac. Une erreur de débutant qui allait me coûter très cher.

Cette connerie, elle me hante encore aujourd'hui. Un putain de nom de magasin ! Après des semaines à perfectionner mon système, à fignoler chaque détail, je me plante sur un truc aussi basique. C'est ça le problème quand tu deviens trop confiant : tu baisses la garde sur les détails qui comptent.

Cette « cliente » s'est mise à m'envoyer des messages avec 10-15 numéros de téléphone différents. À ce moment-là, je créchais chez un pote à Juvisy, celui qui jouait les chauffeurs. Comme je faisais beaucoup d'argent et de rendez-vous, je squattais pratiquement chez lui.

Mon instinct me dit que quelque chose cloche sérieusement, alors je me décide : je fais un dernier client pour P!nk, et ensuite je change de numéro. C'était mon plan de sortie, mais le destin en avait décidé autrement, car je n'ai même pas eu le temps de mettre ce plan à exécution.

Cette journée-là, j'étais dans un état de stress pas possible. L'après-midi, je descends de chez mon ami et j'aperçois au loin deux camions de police. Le sang se glace dans mes veines. Deux camions, ça veut dire opération d'envergure, pas un simple contrôle de routine. Je fais demi-tour en mode ninja, mais je remarque que la Bac me suivait déjà.

Je pars en courant dans l'autre sens pour me réfugier chez mon pote, et les flics se mettent à fouiller tous les appartements de l'immeuble, un par un, comme dans un film, jusqu'à tomber sur celui de mon ami. J'étais planqué dans la salle de bains, recroquevillé derrière la machine à laver, le cœur battant à 100 à l'heure.

Cette attente, putain... À entendre les pas au-dessus, les portes qui claquent, les voix qui se rapprochent. Je priais pour qu'ils se lassent, qu'ils abandonnent, qu'un miracle se produise. Mais non, ils étaient méthodiques, ils savaient exactement ce qu'ils faisaient.

Ils ont fini par me trouver, une heure et demie après que je me suis caché dans le bâtiment. *Game over*. L'adrénaline, la peur, la résignation... tout s'est mélangé quand ils ont défoncé la porte de la salle de bains.

Les conséquences ont été immédiates et catastrophiques. Saisie de mon téléphone, perquisition chez Martin, mon ami, et chez ma mère. La honte suprême : ma mère m'a vu débarquer menotté avec la police.

Le regard de ma mère quand elle m'a vu... ça, c'est un truc qui me hantera toute ma vie. La déception, la honte, l'incompréhension dans ses yeux. La perquisition chez elle, c'était l'humiliation totale. Les flics ont retourné chaque tiroir, chaque placard, comme si ma mère était une criminelle. Ils cherchaient mes stocks de billets vierges, mes outils, mes preuves, ils ont retourné son appartement et ils ont tout trouvé, évidemment.

La première conséquence, c'est que, après cela, Martin n'a plus voulu me parler. Certaines amitiés ne survivent pas à une descente de police. Le mec avait flippé sa race, il s'était retrouvé impliqué dans un truc qu'il ne maîtrisait pas, et, forcément, il m'en a voulu. Même aujourd'hui, on ne se parle plus.

J'ai été condamné à 10 mois de prison avec sursis et à rembourser intégralement toutes les victimes, et j'avais également trois ans de suivi SPIP (service pénitentiaire d'insertion et de probation). Cette condamnation a déclenché dans ma tête une sorte de compte à rebours angoissant : j'avais ces 10 mois avec sursis au-dessus de la tête, et si je ne remboursais pas 11 000 euros pour l'histoire de P!nk (je n'ai jamais été tenu responsable pour l'affaire K-pop, certainement faute de plaintes), direction la case prison.

Encore dans mon délire d'acteur du Net, j'ai fait l'erreur monumentale de me présenter au jugement sans avocat, pensant m'en sortir avec mon relationnel. Dans ma tête, j'étais dans un film, je pensais avoir les capacités et l'éloquence nécessaires pour convaincre le juge qui était en face de moi.

Quelle connerie ! Je débarque au tribunal comme si j'allais à un entretien d'embauche, avec mon costume cheap et ma confiance de guignol. Je pensais vraiment pouvoir embobiner un juge avec ma tchatche de commercial. L'arrogance de la jeunesse, quoi.

On m'a considéré comme de la merde, et, en réalité, c'est ce que j'étais. Je me suis fait allumer. Cette leçon d'humilité allait être salutaire, même si, sur le moment, elle a été particulièrement douloureuse.

Au total, cette combine m'a permis d'engranger entre 90 000 et 100 000 euros. Le plus fou, c'est que tout cet argent s'est évaporé, et il n'en restait rien quand j'en ai eu besoin. Je n'ai pas gardé un centime. Quand tu gagnes de l'argent sale en espèces, surtout quand t'es généreux comme je l'étais, tu vis très, très au-dessus de tes moyens.

Je partais tous les deux-trois jours à Amsterdam avec des potes, je descendais dans des hôtels cinq étoiles comme si j'étais une rock star. On est allés à l'*Hôtel de l'Europe* à 'Dam, j'ai pris une semaine dans la suite Wolfi Pictures. Cette suite, c'est tout un concept : 1 500 euros par nuit, avec dedans un cinéma privé, du mobilier avec des œuvres d'art, une déco à tomber par terre. Voilà où partait mon argent à l'époque.

C'était la connerie de la jeunesse. Je me disais « j'ai une vie de merde en France, donc je vais me payer des bouffées d'oxygène de luxe ». J'emmenais mes potes dans des endroits de fou, je jouais au mec qui a réussi. Je voulais compenser la médiocrité de mon quotidien par des coups d'éclat.

Mais finalement, cet argent brûlé, ces folies... ça n'a servi à rien. Tout était parti en fumée, littéralement.

Évidemment, je n'ai pas arrêté. Je me suis fait pincer une seconde fois quelques mois plus tard. Pour avoir moins de risques de me faire cramer, j'avais commencé à faire les festivals, où c'était plus facile de passer inaperçu. Alors que mes places étaient utilisables, permettaient aux gens de rentrer dans la salle, le même problème se répétait souvent : mes clients se retrouvaient au même siège que quelqu'un qui avait acheté une « vraie » place. Imagine la scène : deux mecs avec la même place, même rangée, même siège, et ils commencent à se chauffer parce que chacun pense que l'autre a un faux billet.

Dans les festivals, le contrôle était moins strict, et les gens n'ont pas de place attribuée. J'avais même décidé d'embaucher des vendeurs en leur donnant des instructions précises à suivre.

Pour cette deuxième mi-temps de l'arnaque aux places de concert, j'avais recruté des gars du quartier pour faire les ventes. L'un d'entre eux, un ami d'enfance, s'est fait prendre en photo sa plaque d'immatriculation par l'acheteur d'une place pour le Hellfest, le fameux festival de metal. Sauf que… cet acheteur aussi était policier. Sur les deux arrestations, les deux fois, je me suis fait arrêter parce que j'ai vendu des places à un policier. Incroyable coïncidence, ou alors les flics adorent vraiment la musique !

Nouvelle perquisition du jour au lendemain chez moi. Nouvelle arrestation. Nouvelle humiliation. Et là, c'était la goutte de trop. Ma mère n'en pouvait plus, ma famille me regardait comme un pestiféré, et moi j'étais face à une réalité qui faisait mal : j'étais un récidiviste. Heureusement, comme ce n'était pas moi qui livrais les places, aucune victime ne m'a reconnu, donc je n'ai pas eu à passer par la case prison.

À l'époque, on me donne trois ans pour rembourser les gens. Moi qui n'avais jamais eu d'argent « propre » entre les mains, je me dis « travailler légalement pour gagner

11 000 euros en trois ans, c'est inatteignable ». C'est là que j'ai commencé à travailler chez Metro, en tant que chargé de clientèle, puis chez Maisons Pierre, en tant que commercial.

Cette période a été un véritable électrochoc. Pour la première fois de ma vie, je comprends que ça ne va pas du tout. Je n'ai plus de téléphone, plus d'ordinateur, plus d'argent, plus rien, et je dois trouver de quoi rembourser les victimes. Il fallait sauver le soldat Marwan.

Passer de 1 000 euros par jour en liquide à un salaire de vendeur, c'était la descente aux enfers. Faire du porte-à-porte, essuyer des refus toute la journée, trimer pour des commissions de misère... Le réveil était brutal.

Mais c'était nécessaire. Cette période de vaches maigres m'a remis les pieds sur terre, m'a fait comprendre la valeur du travail honnête. Même si c'était douloureux, même si j'avais l'impression de régresser, c'était le prix à payer pour ma rédemption.

Mon empire de fausses places s'était écroulé comme un château de cartes. Il ne restait plus que les dettes, la honte, et une leçon de vie qui allait me marquer à vie : l'argent facile, ça n'existe pas. Tôt ou tard, la réalité te rattrape, et la facture est toujours plus salée que les bénéfices.

3.

Dix mille euros de trop

Comment un job d'animateur en Italie peut-il vous mener tout droit vers une garde à vue pour tentative d'assassinat ? Attachez vos ceintures, parce que même moi, avec tout ce que j'avais déjà vécu, je n'avais jamais imaginé un scénario aussi délirant. Nous sommes en 2019, et je suis officiellement dans la merde jusqu'au cou. Ma condamnation pour les fausses places de concert m'a laissé avec un sursis de 10 mois et un suivi SPIP qui me colle aux basques. Ajoutez à ça une interdiction de quitter le territoire français, et vous obtenez une vie pas franchement excitante. Mais quand on a grandi dans la débrouille, on finit toujours par trouver une faille dans le système.

Ma bouée de sauvetage arrive sous la forme d'un job d'animateur dans un hôtel en Italie, à Naples précisément. Je me dis « putain, c'est *la* faille du système ». Si ma condition suspensive veut que je travaille, et que je suis aussi sous interdiction de quitter le territoire… comment je fais si le seul emploi que je trouve est pour une boîte française, mais avec un poste basé à l'étranger ? C'était à eux de trancher. Quand je ramène ce contrat de travail à la juge d'application des peines, miracle ! Elle accepte que j'y aille. Condition : revenir pointer en France tous les mois. Pas de problème, j'étais prêt à faire l'aller-retour en nageant s'il le fallait.

Me voilà donc parti pour trois ou quatre mois dans un hôtel à Naples, et là je retrouve quelque chose que j'avais perdu : le plaisir du relationnel pur. Sur mon badge, il y a écrit « Mario » – parce que, soyons réalistes, les gens qui viennent en Italie, c'est pas pour voir des Marwan, ils veulent voir des Mario. Une petite technique d'animateur que tout le monde connaissait dans l'équipe.

Le travail me fait un bien fou. Après des mois de galère judiciaire et de stress permanent, je retrouve ce qui m'avait plu à Majorque : mettre les gens à l'aise, les faire sourire, leur faire passer de bonnes vacances. C'est thérapeutique, en quelque sorte. Le club attire principalement des retraités français. Des gens sympathiques qui participent religieusement à toutes les excursions, mangent aux mêmes heures, se couchent tôt. L'ambiance est paisible, parfois soporifique. C'est dans ce contexte qu'arrive cette famille qui va immédiatement attirer mon attention. Une femme d'une cinquantaine d'années, accompagnée de ses deux enfants : un garçon d'une dizaine d'années, d'une intelligence remarquable, et sa sœur aînée, plus discrète. Dans cette mer de retraités, ils deviennent instantanément les mascottes de la semaine.

Contrairement aux autres vacanciers, qui se jettent sur chaque excursion proposée, la femme participe modérément aux activités. Elle n'est pas particulièrement joyeuse – on sent chez elle une mélancolie latente, une tristesse qu'elle essaie de masquer pour ne pas gâcher les vacances de ses enfants. Le plus fascinant, c'est le petit garçon. Il a une maturité troublante pour son jeune âge. Il est drôle, vif, curieux de tout. C'est en rigolant avec lui que je commence progressivement à tisser des liens avec sa mère.

Avec cette franchise brutale que peuvent avoir les enfants, il me raconte que la situation entre ses parents est très compliquée. En tant qu'animateur, mon rôle c'est de faire passer de bonnes vacances à ces gens, pas de jouer les assistants sociaux. Alors j'écoute, je compatis, je rassure le gamin. Mais ces révélations me travaillent. Les jours passent, et les conversations s'approfondissent. La femme me confirme ce que son fils m'a raconté. Oui, elle a fini par partir avec les enfants. Elle me parle de la procédure de divorce compliquée, des difficultés financières, de la garde des enfants.

À ce stade, rien d'exceptionnel. J'ai déjà entendu des dizaines d'histoires similaires.

Arrive la fin de semaine, avec la tradition du club : la grande soirée italienne. Une soirée festive avec des dégustations de spécialités locales, de la musique, de l'animation. Tous les vacanciers sont rassemblés sur la terrasse, l'alcool coule à flots, l'ambiance est détendue.

Je suis assis avec cette famille, on discute tranquillement, les enfants partent jouer plus loin. Les autres vacanciers sont autour, les oreilles traînent, comme toujours quand l'animateur s'arrête quelque part. Et c'est là, dans ce contexte totalement inapproprié, que cette femme va me balancer une phrase surréaliste.

Avec un sourire qui me glace rétrospectivement, elle me demande si je ne connais pas des gens capables de commettre des assassinats, étant donné que j'habite en cité. Je reste figé. Autour de nous, les vacanciers continuent à picorer leurs antipasti en discutant de la météo du lendemain. Elle vient de me demander, avec le ton décontracté qu'on utilise pour demander l'heure, si je connais des tueurs à gages.

« Euh… de quoi tu parles exactement ? » je lui demande, espérant avoir mal compris.

Et là, elle m'explique tranquillement qu'elle voudrait faire assassiner son ex-mari pour toucher l'assurance-vie. Elle me sort ça de manière totalement décomplexée, comme si c'était la suite logique de nos conversations précédentes.

Là, j'aurais dû me lever, lui dire qu'elle était complètement malade, et m'éloigner définitivement de cette famille. Au lieu de ça, comme un con intégral, je lui réponds : « Oui, je connais quelqu'un qui fait des assassinats. » Pourquoi ? Peut-être parce que j'étais encore dans mes réflexes d'ancien escroc. Peut-être parce que je ne la prenais pas au sérieux. Ou peut-être parce qu'une partie de moi s'est dit qu'il y avait peut-être quelque chose à gratter.

« Parfait ! me dit-elle, avec un enthousiasme qui me fout la chair de poule. Tu peux lui dire que c'est pour l'assurance-vie ? Il y a beaucoup d'argent à la clé.

Et là, pour couronner le tout, je lui donne mon adresse e-mail.

– Envoie-moi les détails par e-mail, on verra ce qu'on peut faire. »

Le lendemain, elle repart avec ses enfants comme si de rien n'était. Des au revoir chaleureux, des remerciements pour les vacances formidables. Je me dis que j'ai rêvé, que c'était juste une femme qui a trop bu et qui a dit n'importe quoi. Je n'aurais jamais aidé qui que ce soit à commettre un meurtre, mais, dans ma naïveté d'ancien escroc en reconversion, je me dis que si elle est vraiment sérieuse, autant que je prévienne son ex-mari et que j'essaie de me faire un petit billet au passage.

De retour en France après ma saison d'animation, les semaines passent. J'ai presque oublié cette histoire italienne quand, un matin, je reçois un e-mail qui va me rappeler brutalement à la réalité.

« Je t'attendrai toute la journée à gare de Lyon avec l'argent pour ton ami. »

Putain. Elle était vraiment sérieuse.

Le trajet en RER D de Ris-Orangis à gare de Lyon me paraît interminable. Une demi-heure à cogiter, à me demander si je ne suis pas en train de faire la connerie de ma vie. Je me dis que je vais juste voir, que c'est peut-être une expérience sociale, une blague, n'importe quoi sauf la réalité.

J'arrive sur le quai des grandes lignes vers 16 heures-16 h 30. L'endroit est presque désert. Et là, je la vois. Elle m'attend tranquillement près des portiques, comme si on avait rendez-vous pour boire un café.

« Mario ! Ça fait plaisir de te voir ! Comment ça va ? » qu'elle me dit, comme si on était de vieux amis.

Elle semble excitée de joie, d'une joie malsaine qui me fait comprendre que, pour elle, ce qu'elle me demande de faire, ça n'a pas l'air d'être grand-chose. Elle sort de son sac à dos deux enveloppes qu'elle me tend avec un sourire radieux. Il y a dedans l'argent, et toutes les informations pour trouver le mari.

Je prends les enveloppes, encore sous le choc. On discute quelques minutes de banalités, puis elle me dit qu'elle doit y aller, qu'elle a un train à prendre vers 18 heures. Un simple aller-retour pour venir me livrer son kit d'assassinat.

Quand j'ouvre la première enveloppe, c'est le choc : 10 000 euros en billets de 50, soigneusement alignés. Dix mille euros cash pour faire tuer son ex-mari.

La deuxième enveloppe est encore plus flippante. Un dossier complet sur l'homme en question. Des photos de lui, de sa nouvelle conjointe, son adresse personnelle, celle de son travail, tous ses numéros de téléphone, le modèle de leur voiture avec des photos qu'elle a visiblement prises elle-même en planque. Un vrai dossier de surveillance professionnelle.

En découvrant qui est ce monsieur, un industriel du secteur agroalimentaire, j'ai un moment de vertige. Il dirige une des plus grandes entreprises du secteur en France.

Le timing ne pouvait pas être pire. Quelques semaines après, Covid-19, et le confinement tombe. Ma mère perd son travail. On se retrouve à quatre à la maison sans aucun revenu stable. Ces 10 000 euros tombent comme une manne du ciel. Je fais les courses avec, je paie les factures, et comme un con, je me paie quelques escapades à Amsterdam alors que le pays est à l'arrêt. Au bout de quelques mois, il me reste de moins en moins de l'argent initial.

C'est là que mon cerveau de petit malin se met en marche. Je me dis que cette femme va finir par me redemander des nouvelles, et si elle ne voit rien venir, elle va soit chercher un vrai tueur, soit tout balancer aux flics. La solution qui germe dans ma tête tordue, c'est de prévenir son ex. Après avoir cogité pendant des semaines, je finis par passer l'appel avec mon téléphone personnel, mais en numéro masqué.

« Monsieur ? Je vous appelle parce que votre femme cherche à vous faire assassiner.

Silence. Puis il raccroche. Je rappelle immédiatement.

– Pardon, ça a coupé, dit-il.

Je lui réexplique toute l'histoire. Je sens qu'il commence à prendre l'affaire au sérieux, mais il me dit :

– Attendez, je vous rappelle.

– Non, vous pouvez pas me rappeler.

Et là je m'aperçois que, pour le rappeler, j'avais oublié de me remettre en numéro masqué. Il avait donc mon numéro.

– Pardon, j'entendais mal. Ma femme veut quoi, exactement ?

Le ton a changé. Il n'est plus surpris. Il pose des questions précises. Ce que je ne sais pas, c'est qu'il est en train d'enregistrer notre conversation.

– Écoutez, j'ai pris 10 000 euros pour ça, mais je ne ferai jamais une telle chose. Si vous voulez tous les éléments qui prouvent que votre femme a vraiment commandité votre assassinat – et qui au passage vous aideront à obtenir la garde de vos enfants –, il faut me payer 10 000 euros.

– Pas de souci. Là, c'est le confinement, mais dès que ça s'arrange, on se voit et on règle ça. »

Dans ma tête, c'est « jackpot ! Je vais récupérer 10 000 euros de plus ! ».

Deux semaines passent tranquillement. Trop tranquillement.

Le 11 mai 2020, pile 6 heures du matin. Premier jour du déconfinement. Je dors paisiblement en caleçon dans le lit de mon grand frère, dans notre petite chambre. Mon petit frère dort dans le salon, ma mère dans sa chambre.

Boum ! Un bruit d'explosion réveille tout l'immeuble. Notre porte d'entrée vient de sauter en éclats sous les coups d'un ouvre-porte hydraulique. Même le cadre explose.

La vie d'escroc, ça fatigue, alors je continue à dormir malgré le vacarme. C'est la lampe torche braquée sur mon visage et la main qui me secoue violemment qui m'extirpent de mon sommeil. Dans le brouillard, je distingue des silhouettes en noir, des casques, des gilets pare-balles. Mon premier réflexe : « C'est un gars que j'ai arnaqué ? » Puis je vois l'écusson « Police » et là, je me calme. Pas la peine d'envenimer quand tout le monde dans cette maison est honnête… sauf moi.

Mon grand frère est menotté et plaqué au sol, le visage contre le parquet. Ma mère aussi, en pyjama, terrorisée. Mon petit frère dans le salon est complètement paniqué. Et moi, debout en caleçon au milieu de ce chaos.

« Marwan Ouarab, vous êtes placé en garde à vue pour tentative d'assassinat. »

Tentative d'assassinat ? Ma mère devient livide, elle s'effondre. Mes frères me regardent avec des yeux ronds. C'est une scène de drame familial total.

« Ils sont où, les 10 000 euros ?

– Il n'y a rien ici. Plus rien. »

Et c'est là que commence le saccage. Ces mecs cassent tout : le carrelage de la salle de bains, le sol, les toilettes, même certains murs. L'appartement de ma mère ressemble à un champ de bataille. Le pire, c'est quand ils trouvent mes montres. J'avais une Rolex et une Audemars Piguet planquées dans un endroit que je croyais introuvable. Dans le placard de ma chambre, il y avait un trou au niveau du sol que je comblais avec une planche qui prenait toute la largeur. Un des flics, en essayant de regarder le plafond du placard, se déséquilibre et trouve cette planche bizarre. Par hasard, par malchance, par putain de poisse cosmique. Il finit par soulever ma planche et tombe sur mes deux belles boîtes : une verte, une noire, avec mes montres dedans.

Je me dis « ah putain, je suis niqué. Foutu pour foutu, autant leur dire d'arrêter le carnage ».

Et je leur balance : « Y a plus rien ici. Le seul truc que vous pourrez encore trouver, c'est dans ma voiture. »

Ils sortent, vont fouiller ma Smart, et trouvent l'enveloppe avec les instructions de la folle. Ils me mettent dans leur voiture et m'emmènent au commissariat d'Évry, puis direction Besançon, où la plainte a été déposée. Pendant tout le trajet vers Besançon, les flics me mettent la pression : « Tu as bien dit au revoir à ta mère ? Tu vas tomber, c'est sûr. »

À Besançon, l'interrogatoire prend une tournure encore plus surréaliste. Je suis dans un bureau avec l'un des flics, et ce mec, pour me mettre la pression, décharge son arme devant moi en la pointant dans ma direction. « T'inquiète, c'est pas dangereux », qu'il me dit avec un sourire de psychopathe. Petit à petit, alors que je lui raconte toute l'histoire, il devient complètement absorbé par le récit. Il n'écoute plus comme un enquêteur, mais presque comme un pote qui veut connaître la fin d'une histoire croustillante. « OK, on va voir ce qu'on peut faire. Tu veux fumer une cigarette ? » Et on se retrouve à faire la pause clope ensemble. Les 48 heures de garde à vue qui suivent sont un mélange de stress et de situations absurdes. Cette fois-ci, j'ai pris un avocat. L'accusation de « tentative d'assassinat », c'est autrement plus lourd que de l'escroquerie sur des billets de concert. Les enquêteurs essaient de me faire avouer que j'avais réellement l'intention de faire assassiner l'ex-mari, et que j'avais des contacts dans le milieu. Moi, j'explique que c'était juste une arnaque opportuniste, que je n'avais jamais eu l'intention de faire du mal à qui que ce soit.

Mais avouer qu'on a arnaqué 10 000 euros à une femme en lui promettant un meurtre, ça reste pas terrible non plus comme ligne de défense. Finalement, je sors en tant que témoin assisté. L'affaire atterrit même dans les journaux. Heureusement, mon nom n'est pas mentionné dans les articles, où je suis juste présenté comme un jeune animateur ayant déjà été impliqué dans des affaires d'escroquerie.

Le retour à la maison est apocalyptique. Ma mère est venue me chercher à Besançon, elle a payé l'avocat alors qu'elle n'a pas les moyens. C'était chaud, super chaud. Cette arrestation a ébranlé toute la famille. Ma mère ne se sent plus en sécurité chez elle – ils ont défoncé sa porte, saccagé son appartement, humilié ses enfants. Mes frères sont traumatisés. Et comme si cette période n'était pas assez difficile, la Covid-19 frappe notre famille. Pendant ma garde à vue, ma tante très proche meurt dans la solitude. C'est ma mère qui découvre son cadavre. Mon grand-père décède aussi.

Ma mère voit sa santé se dégrader sous le stress de mes emmerdes constantes. Je ne l'ai pas laissée se reposer une seconde dans sa vie, ma mère. Je me répète cette phrase en boucle : « Quel genre de merde je suis pour lui faire vivre ça ? » La police a laissé planer l'accusation de « tentative d'assassinat » sur notre famille. Les voisins, les amis... tout le monde savait maintenant que le fils Ouarab avait été arrêté pour une histoire de meurtre commandité.

C'est après cette arrestation, après avoir vu ma famille humiliée et traumatisée, que j'ai décidé d'arrêter. Pour de bon cette fois. J'avais vu ma mère menottée au sol de son propre appartement. J'avais vu mes frères terrorisés par des flics en armes qui défoncent leur maison à 6 heures du matin. Cette fois, c'était trop.

L'histoire de la vacancière de Naples restera à jamais le point de non-retour de ma vie. Le moment où j'ai compris que jouer avec le feu finit toujours par vous brûler, et que parfois, il faut toucher le fond pour arrêter les conneries.

4.

Asmaa.exe : l'arnaque sentimentale

Je n'ai jamais été un grand fan des sites de rencontres. Franchement, swiper à gauche, swiper à droite, ça m'a toujours fait l'effet d'un catalogue humain un peu glauque. Mais voilà, je me laisse tenter par Muzmatch, cette application spécialisée pour les musulmans où tu es censé rencontrer des gens qui cherchent à s'engager sérieusement. Un moment de faiblesse, disons. J'y vais avec naïveté, ce qu'on appelle chez nous « la *nia* ».

C'est là que je tombe sur Asmaa. Photo nickel, profil bien ficelé, et surtout ce petit truc en plus qui me fait me dire « celle-là, elle est différente ». Elle se présente comme une institutrice de maternelle fraîchement mutée de Bordeaux à Évry, dans le 91. Une femme éduquée, posée, qui affiche fièrement son attachement aux valeurs religieuses. Elle dit se sentir très seule dans sa nouvelle ville, échaudée par ses relations précédentes, cherchant un homme sérieux. Ni amourette ni flirt.

À cette époque, en 2020, je bosse comme commercial chez Maisons Pierre. Je vends du rêve aux familles sous forme de pavillons clé en main. Je sais repérer une entourloupe à des kilomètres quand il s'agit de business, mais avec les femmes, disons que mon radar est en panne totale. Je sors d'un jugement très compliqué, et cette relation représente ma bouée de sauvetage. Moi qui navigue parfois dans des eaux troubles côté business, je me dis que c'est l'occasion de m'amarrer à quelque chose de solide, de faire enfin quelque chose de sérieux qui rendra ma mère heureuse après le traumatisme que je venais d'infliger à ma famille.

Notre relation démarre sur des chapeaux de roue. On se revoit deux fois, et la troisième on s'embrasse, puis on se met en couple. On se voit régulièrement, on rigole, elle a beaucoup de conversation, me raconte sa nouvelle vie et ses difficultés d'adaptation en région parisienne. J'écoute religieusement ses histoires, même quand elle se contredit ou laisse échapper des incohérences. Une institutrice qui prononce des mots bien choisis, et moi qui gobe tout comme un gosse devant un tour de magie. Mon quotidien à l'époque est très simple, binaire : je fais des journées de 9 heures à 22 heures, j'alterne entre mon travail et Asmaa, et je ne fais rien d'autre.

Pourtant, j'aurais dû voir les signaux d'alarme clignoter en rouge vif. Le premier tournant arrive un soir vers 1 heure du matin. Un mec tente de l'appeler sur Snapchat. Quand j'insiste pour qu'elle réponde, elle prétend ne pas le connaître. Mais ce n'est pas comme ça que fonctionne Snapchat : pour qu'un inconnu puisse t'appeler, il faut d'abord l'avoir ajouté ou avoir échangé des messages. Je lui demande de me le prouver en me montrant la conversation. En fouillant, je découvre des messages en anglais, dont un qui se démarque : « *I love your body.* » Je ne suis pas un anglophone aguerri, mais je comprends bien ce que ça veut dire.

Dans ma tête, ça ne fait qu'un tour, je me dis qu'elle me trompe et je me dirige directement vers la porte. Elle pleure, se jette par terre jusque dans le hall, m'explique que c'est le coach sportif de sa sœur qui habite à Saint-Barth et qui lui parle en anglais. Je n'y crois absolument pas, et je la quitte. Sa sœur finit par m'appeler de Saint-Barth pour confirmer, m'envoie même des captures d'écran similaires, envoyées par le même type : « *You have a perfect body.* »

Le bénéfice du doute l'emporte. Après tout, c'est sa grande sœur, mariée, avec des enfants. Je me dis que ce serait trop gros pour être vrai. Asmaa retourne habilement la situation, jusqu'à me faire culpabiliser : « T'es vraiment un bâtard, t'as été trop loin, ta mère t'a pas éduqué. » Une emprise qu'elle maintient avec l'aide constante de son entourage. Après ça, un an passe dans une relative sérénité. Je commence à développer des sentiments amoureux profonds pour elle. Je la présente à ma mère, qui l'adore immédiatement. On va à Bordeaux rencontrer sa famille, qui donne sa bénédiction. Logiquement, au bout de cette année, je la demande en mariage.

La demande officielle suit les traditions. Je débarque avec ma mère chez ses « parents » – j'insiste sur les guillemets, vous comprendrez pourquoi plus tard. Thé à la menthe, pâtisseries, cérémonial classique. Puis tombe la question de la dot : 5 000 euros cash, plus des bijoux en or. Une somme rondelette, mais, pour construire mon avenir avec cette perle rare, je suis prêt à tout.

Arrive ce mardi qui va faire exploser l'illusion, après un an et demi de relation. Une soirée classique, où on décide de cuisiner ensemble. Ambiance couple parfait : elle épluche les carottes, je m'occupe des oignons. Cette routine qui te fait croire que tu as trouvé ta place dans ce monde de dingues. Sauf qu'en balançant mes épluchures dans la poubelle à pédale, quelque chose attire mon regard. Un objet incongru, comme une Ferrari garée devant une cabane de pêcheur. Un test de grossesse. Positif.

Mon cerveau court-circuite.

« C'est quoi ça ?

Son visage se décompose.

– C'est à une copine. »

Mais elle m'a répété 100 fois qu'elle n'avait aucune amie ici, que toutes ses potes étaient restées à Bordeaux. Elle me sort un nom, et j'appelle directement la copine en question :

« T'es à Mériadeck ?

– Oui, pourquoi ? »

Mériadeck, à 500 bornes d'Évry.

Acculée, Asmaa change de stratégie. Le test est à elle, mais elle ne comprend pas comment c'est arrivé.

« On a dormi ensemble plusieurs fois, peut-être que…

– Peut-être que j'ai éjaculé dans mon sommeil et que ça a traversé trois couches de vêtements ? »

Le problème est simple : nous n'avons jamais couché ensemble. Pas une fois. L'explosion suit naturellement. J'insulte, je crie, je lui rappelle que j'ai présenté cette menteuse à ma mère, et que sa prétendue famille m'a extorqué une promesse de dot. Je claque la porte.

Cette trahison allume en moi une obsession dévorante qui va redéfinir ma vie. Une soif de vérité qui va me consumer pendant des mois. Je suis dans un *mood* « je cherche la vérité », mais c'est bien plus que cela : c'est une quête existentielle qui me pousse vers des territoires inconnus. Je veux savoir qui elle est réellement, reconstituer son parcours, comprendre le système. Cette femme qui prétendait n'avoir jamais eu de compagnon avant moi possède un score Snapchat de 200 000 – un chiffre qui indique des milliers d'échanges quotidiens. Elle a voyagé au Qatar, aux États-Unis, aux Bermudes… des destinations coûteuses pour une simple institutrice.

Mon quotidien bascule dans une descente aux enfers méthodique. Je dors dans le salon de l'appartement de ma mère, au maximum quatre à cinq heures par nuit, des cernes de deux kilomètres, me nourrissant peu, buvant des litres de boissons sucrées. La plupart du temps, facilement 10 à 15 heures par jour, je traîne sur le parking du stade Émile-Gagneux, à Ris, dans ma voiture, mon MacBook sur les genoux, à fumer en même temps. À l'époque, je fais aussi du rap sans montrer mon visage, je mets beaucoup d'argent dans les studios pour enregistrer des morceaux – un détail que j'ai longtemps tu par honte, mais qui témoigne de ma détresse d'alors.

C'est dans cette période de chaos total que quelque chose d'inattendu se produit. Ma douleur personnelle va devenir le catalyseur d'une transformation que je n'aurais jamais pu imaginer.

Plus concrètement, je me transforme en détective 2.0, plongeant la tête la première dans les abysses du Web. C'est la dépression totale, mais paradoxalement, le hacking me fait remonter la pente. En termes de ressenti, c'est comme une sorte de nouvelle naissance. Je me sens débarquer tout fraîchement dans un monde incroyable, dans lequel des gens savent énormément de choses que 95 % du commun des mortels – qu'on appelle parfois les « moldus », comme dans Harry Potter – ne savent pas. Comme si j'avais vécu toute ma vie dans une cage, et que je découvrais qu'en dehors, il y avait des oiseaux libres, de la nature, des océans.

Mon apprentissage technique commence par hasard avec Geoguesser, ce jeu sur Internet où tu dois localiser des photos de paysages. Je découvre que ça s'appelle du

« GEOINT », diminutif de « renseignement géospatial », une sous-catégorie de l'OSINT. Le terme peut paraître impressionnant, mais il désigne simplement l'ensemble des techniques qui permettent de collecter et d'analyser des informations disponibles publiquement.

De fil en aiguille, je découvre la communauté OSINT-FR, je rejoins des serveurs Discord spécialisés, je découvre des outils comme Epieos et Sherlock – des programmes qui permettent de savoir, avec une simple adresse e-mail, sur quels sites une personne a créé des comptes. C'est utile, par exemple, pour découvrir l'identité d'un harceleur : si vous vous faites bombarder de menaces par uneadresse-mail@gmail.com, vous n'avez qu'à rentrer l'adresse e-mail dans Sherlock ou Epieos, et ça vous donne les comptes Facebook, et autres, utilisés par cette adresse.

En rejoignant cette communauté Discord, je comprends que ces mecs sont aussi obsédés que moi, H24 sur leur ordinateur. Pour eux, Internet, c'est la vraie vie. De loup solitaire déprimé, je deviens membre d'une tribu qui partage techniques et expériences sur tout. C'est dans ce contexte que j'apprends à faire mes premières « recherches inversées », une technique qui consiste à envoyer une photo sur un site pour qu'il déniche tous les endroits où cette photo a été utilisée. Et qu'est-ce que je trouve avec les photos d'Asmaa ? Une d'entre elles est affichée sur un profil d'escort. Le pire ? Elle propose ses services dans le département où elle enseigne. Cette découverte me sidère et confirme mes pires soupçons.

Je prends un numéro de téléphone jetable et me fais passer pour un client.

« Je veux passer une heure avec toi, est-ce que t'es dispo ?

Elle me répond :

– OK, viens bébé. »

Je n'y vais pas, évidemment, et me contente de lui demander si elle s'appelle bien Asmaa – elle utilisait un faux prénom sur le site d'escort. Elle répond en stress, sur ce numéro inconnu :

« C'est qui ?

Je finis par lui dire :

– C'est Marwan. »

Dix minutes plus tard, je reçois un appel paniqué de son vrai numéro. Dans un mélange d'insultes et d'aveux à demi-mot, elle finit par avouer que les « parents » qu'elle m'avait présentés étaient en réalité des gens de son entourage payés pour jouer ces rôles. Cette première victoire attise encore plus ma soif de vérité. J'ai deux trucs en tête : mettre au jour son système et découvrir l'identité du père.

Mon approche est celle du parfait autodidacte. Je n'aime pas les explications scolaires avec trop de fioritures, je veux aller droit au but. Je découvre le langage Python, mais c'est une sacrée montagne à gravir, donc j'utilise ChatGPT pour corriger mes erreurs. Je me fais plein de potes sur les forums, et ils me donnent des techniques. J'apprends les bases : utiliser un proxy VPN *via* une VM (machine virtuelle) pour rester intraçable, utiliser un compilateur de fichiers pour fouiller les bases de données.

Le premier outil Python que j'utilise s'appelle holehe, puis j'enchaîne avec Maltego – un logiciel qui permet de cartographier visuellement les connexions entre différentes données. Au début, je ne sais pas coder, alors j'apprends seulement à faire tourner un programme sur Python. Juste installation, lancement de programme. Je commence en étant un vrai « script kiddie » – quelqu'un qui utilise des outils créés par d'autres sans vraiment comprendre le code.

Cette phase d'apprentissage me fascine autant qu'elle me consume. Chaque nouvelle technique découverte me donne l'impression de percer un mystère, de gagner un superpouvoir. C'est comme si j'apprenais une langue secrète que seuls quelques initiés maîtrisent.

Mais le léger problème auquel je me confronte, c'est que sur les communautés comme OSINT-FR, les gens sont très scrupuleux. Ce sont des gens intègres. Moi, à l'époque, j'étais encore très attiré par l'aspect sombre des choses. Taper « forum hacking » sur Google m'ouvre les portes d'un autre monde. Des forums avec des noms obscurs, Nulled, BreachForums. Des pages sur fond noir, avec des noms de catégories comme « database » ou « leaks » – des termes qui désignent respectivement les bases de données et les fuites d'informations.

Ces univers me fascinent. Sur BreachForums, on avait les catégories « games » avec les fuites concernant les jeux vidéo, « stealer logs » avec les journaux de programmes qui volent des données, « other leaks » avec les ransomwares les plus récents. Il y avait aussi l'onglet « cracking », un marché noir, des tutoriels et même des catégories « anime » et « manga » – ce que j'adore. Pas d'images futiles, juste de la discussion pure entre gens qui postent leurs piratages. Des informations incroyables pour 19 euros à régler en crypto, sans même passer par le darknet.

Je me sens dans une cour de récréation pour adultes. Au début, j'arrive là sans savoir où je suis. Il y a tant de choses dingues que je ne sais plus distinguer le vrai du faux. Je venais chercher des moyens de comprendre qui était Asmaa, et me voilà sur des bases de données échappées des serveurs du FBI, sur les identités de toutes les personnes liées aux Panama Papers… des trucs auxquels les gens lambda n'ont jamais accès.

Je finis par découvrir un outil qui référence tous les groupes Telegram publics, cette fameuse app de messagerie où on trouve de tout, et surtout le pire : informations privées venant des opérateurs téléphoniques, drogues, marché noir, ventes de bases de données. En tapant le nom d'opérateurs téléphoniques, « doxxing », « impôts », je tombe sur des communautés de doxxeurs professionnels – le doxxing, pour l'expliquer simplement, c'est le mot qui désigne le dénichage et la révélation publique d'informations privées sur une personne, souvent dans une intention malveillante.

Je me retrouve alors sur un canal de discussion où se regroupent les plus grands doxxeurs de France et d'Europe, qui vendent leurs services dans l'anonymat le plus total. Quand je demande un plan pour obtenir des feuilles d'imposition, un type me contacte en privé. « J'ai ce qu'il faut, tu paieras après avoir vu. » La confiance règne, et pour cause : il n'y a pas plus mauvaise idée, sur Internet, que d'arnaquer un doxxeur. Tu peux le payer très cher, et ces types adorent ça.

Peu à peu, pendant un an, le puzzle s'est reconstitué, révélant une réalité qui dépasse mes pires soupçons. Asmaa n'est pas son vrai prénom. Son job de prof, étonnamment réel, constitue une couverture parfaite pour ses autres activités. Je découvre surtout que je suis le cinquième à lui avoir demandé sa main. Les quatre précédents ont tous versé une dot avant de se faire larguer selon le même scénario millimétré. C'était un business rodé, utilisant la religion comme costume, la virginité comme appât, la dot comme objectif final. Son passé d'escort expliquait ses voyages luxueux aux Bermudes ou aux États-Unis, totalement incompatibles avec son salaire d'enseignante. Pendant notre année ensemble, où je lui jurais fidélité en projetant une famille, elle jonglait avec d'autres hommes : *sugar daddies*, prétendants, clients. Je n'étais qu'un poisson parmi d'autres dans son filet.

Cette révélation me sidère autant qu'elle me libère. Comprendre l'ampleur de la manipulation me permet enfin de prendre du recul sur ma propre naïveté.

Plus de six mois après la rupture, amaigri, épuisé, je comprends aussi qu'on ne peut pas passer sa vie à courir après la vérité sur quelqu'un qui se fout de vous. Je me dis que ce qu'elle m'a fait, c'est entre elle et Dieu maintenant. De mon côté, j'ai perdu beaucoup de poids, mais j'ai gagné quelque chose d'inestimable : une compréhension profonde des systèmes et des failles humaines.

Cette période de transition marque un tournant. L'OSINT est devenu ma nouvelle drogue, ma passion dévorante, mais je commence à comprendre que ces compétences acquises dans la souffrance pourraient avoir une utilité bien plus large.

La notion même de « hacker » mérite d'ailleurs clarification. Pour être hacker, pas forcément besoin de savoir coder ou démanteler une infrastructure réseau. Il suffit de savoir où chercher pour obtenir le résultat voulu. Trouver un mot de passe dans une base de données qui a fuité, est-ce vraiment du piratage ? Ça dépend des points de vue. Le terme recouvre des réalités très différentes. Il y a celui qui récupère des données dans des fuites existantes, et celui qui envoie des payloads (codes malveillants) pour voler des cookies de session. Ce dernier est le vrai hacker technique, ça demande de vraies compétences en programmation.

Avec le temps, j'ai peut-être mérité ce statut, même si j'évite de me l'attribuer, par modestie mais aussi et surtout par respect pour les vrais experts en cybersécurité. Les vrais experts peuvent créer des outils sur mesure, analyser du code complexe, décortiquer des flux réseau pour élucider des cyberattaques. Mes compétences, mises au service du bien, peuvent donner l'illusion que je saurais hacker n'importe qui ou n'importe quoi, alors qu'il n'y a rien de si sorcier.

Les hackers se répartissent entre black hats (criminels), white hats (éthiques) et gens comme moi, les grey hats, qui naviguent entre légal et illégal pour l'intérêt commun. Étant donné que je vais sur des sites pas toujours cleans, notamment pour récupérer des bases de données qui ont fuité, ou sur des forums spécialisés en hacking, je ne peux pas non plus me prétendre 100 % propre dans ma démarche.

Aujourd'hui, quand je repense à cette période, je ressens presque de la gratitude. Sans cette trahison, je serais peut-être encore ce commercial naïf qui croit au grand amour sur Internet. Cette claque monumentale m'a réveillé, transformé en quelqu'un qui comprend les systèmes, sait exploiter les failles techniques et humaines.

Je n'aurais jamais imaginé que ma plus grande blessure deviendrait mon point de force. Cette trahison qui semblait me détruire m'a en réalité offert une nouvelle perspective sur moi-même et sur le monde. Chaque étape de ma reconstruction a été un apprentissage, transformant ma vulnérabilité en force introspective et analytique. Mon parcours m'a appris que la résilience ne se construit pas dans la facilité, mais dans l'acceptation et la transformation de nos expériences les plus difficiles.

De cette descente aux enfers est né un homme nouveau ; elle m'a donné accès à des communautés, des savoirs, des techniques qui constituent aujourd'hui le cœur de mon activité professionnelle. Parfois, il faut toucher le fond pour rebondir. Peut-être qu'il fallait que je me fasse hacker le cœur pour apprendre à hacker le reste ? Quoi qu'il en soit, la plus belle des vengeances arrivera bien plus tard, quand je commencerai à passer à la télé pour mon travail actuel. Un soir, Asmaa m'appelle vers minuit :

« Je t'aime, je suis désolée, me dit-elle.

Ma réponse est nette :

– Oublie ce numéro et ne me rappelle plus jamais. »

5.

La dame aux bijoux, ou mes premiers euros honnêtes

J'ai fini par découvrir qu'être du bon côté de la barrière, non seulement ça permettait de dormir tranquille, mais ça pouvait aussi rapporter.

Je suis passé par une phase, après tous mes ennuis avec la police, la justice et les femmes, dans laquelle je me cherchais des passions, des occupations honnêtes. J'ai dû faire un effort pour me dire « mais qu'est-ce que j'aime dans la vie ? » et essayer de reconnecter avec d'autres trucs que les arnaques.

Il se trouve que j'ai toujours été passionné de montres de luxe – j'aime regarder les belles choses, ça me motive dans la vie. C'est ce qui m'avait valu d'en acheter avec mon argent sale. Acquérir quelque chose de physique qui peut prendre de la valeur, je trouvais ça génial, et les montres sont très belles. J'adorais le modèle GMT Master 2. Assez naturellement, j'ai intégré un groupe Facebook d'amateurs de Rolex pour voir à combien se vendaient les montres, voir l'évolution du marché, comme un passionné. C'est là que je découvre un univers fascinant : des collectionneurs, des investisseurs, des gens qui parlent de leurs pièces comme d'œuvres d'art, qui échangent des conseils, qui se respectent mutuellement. Un monde différent de celui que j'avais connu jusqu'ici.

Dans ces groupes, en plus des amateurs qui viennent se régaler les yeux, vendeurs et acheteurs se mettent en relation. Ces groupes sont censés être des groupes de confiance. Ils sont privés, il faut demander l'autorisation à l'entrée, répondre à un questionnaire spécifique, et c'est soumis à la validation de plusieurs modérateurs. Un des prérequis du groupe était d'avoir un compte Facebook vieux de plus de 10 ans. Il y avait près de 80 000 personnes, que des gens qui interagissaient avec leur compte personnel, avec un côté très « Côte d'Azur » – des gens aisés, un peu bobo chic.

Au bout d'un moment, je vois apparaître des messages de gens qui disaient s'être fait arnaquer. Un, deux, trois... et je me rends compte que plein de gens étaient visés. Soit ils allaient acheter des montres et il s'avérait que c'étaient des fausses, soit des gens avaient reçu de faux billets ou des chèques en bois. À ce moment-là, j'étais en train de m'exercer à l'OSINT et je me disais qu'il me fallait des cas concrets. D'arnaqueur en série, j'allais donc devenir celui qui retrouverait les arnaqueurs.

Un soir, je suis sur ce parking à Ris-Orangis, toujours le même, près du stade Émile-Gagneux. Précision : c'était le soir de mon anniversaire... Je me disais qu'il fallait que je m'en sorte. Qu'il fallait au moins que je m'occupe. J'étais sur Facebook, je vois des messages de gens qui ont besoin d'aide. C'est ce soir-là que j'ai commencé à aider les gens, gratuitement, à la volée, les uns après les autres. Pour être honnête, c'était plus pour me réconforter moi que pour aider les autres. Le pire aussi, c'est que c'était facile. Les victimes me donnaient les infos qu'elles avaient sur leur arnaqueur, souvent un numéro de téléphone, et moi, avec ces infos parcellaires, j'avais toute une enquête à faire pour retrouver tout ce que je voulais sur un inconnu complet. C'était une bouffée d'air frais incroyable, le fait que ces gens respectables, ce public plutôt premium, me remercient.

Sur une de ces pages, un jour, je tombe sur un message qui va tout changer. Une dame poste un SOS désespéré : on lui a volé 80 000 euros de bijoux qu'elle voulait vendre pour investir dans une nouvelle pharmacie. Elle explique qu'elle ne se sent pas prise au sérieux par les forces de l'ordre, qu'elle a l'impression que son dossier traîne dans les tiroirs d'un commissariat débordé. Quelque chose dans son message m'interpelle immédiatement. Elle a l'air d'avoir plein d'infos sur le type qui l'a volée, et surtout, elle semble déterminée, pas résignée comme beaucoup de victimes.

Je lui envoie un message privé sans trop savoir où ça va me mener : « Bonjour, j'ai vu votre post. Je fais de l'investigation numérique, peut-être que je peux vous aider. » À cette époque, je n'ai pas encore de société, pas de tarifs établis, rien. Je suis juste un mec avec un ordinateur et de nouvelles compétences qui cherche un terrain d'application. Elle me répond dans la foulée, et on commence à échanger.

Cette femme, pharmacienne de profession, me raconte son histoire en détail, avec une précision qui me bluffe. Un type était venu plusieurs fois dans sa pharmacie, avait gagné sa confiance petit à petit en se montrant charmant et attentionné, avait fini par la cambrioler.

Ce qui me frappe immédiatement, c'est son côté méthodique, sa rigueur de scientifique. Elle a noté des détails, elle a des numéros de téléphone, des descriptions précises, des horaires. Ce n'est pas une victime passive qui attend que ça se passe en espérant un miracle. C'est une battante qui veut récupérer son bien. Et ça, ça me parle direct.

Elle me donne le numéro de téléphone du voleur – le mec avait été assez con pour donner son vrai numéro, une erreur de débutant qui va lui coûter cher. À partir de là, avec mes compétences OSINT et mes accès aux bases de données que j'avais collectées pendant mes mois d'apprentissage intensif, c'est du gâteau. En quelques heures, j'ai son identité complète : nom, prénom, adresse, situation familiale, même les noms de sa femme et de ses enfants. Le mec n'habite pas loin, il a des antécédents pour des petites magouilles, et surtout, il a une famille qu'il n'a visiblement pas envie d'exposer à ses activités criminelles. Je me retrouve avec un dossier complet sur ce type.

Pour le faire flipper, je décide d'innover avec une technique qui va un temps devenir ma signature. Je prends un numéro de téléphone israélien – on était en pleine période de tensions au Moyen-Orient, les débordements côté israélien étaient fréquents dans l'actualité, donc le timing était parfait pour jouer sur les peurs. Je l'appelle avec un faux numéro israélien qui commence donc par +972 et je lui sors le grand jeu en imitant un agent du Mossad : « Mon gars, t'es très mal tombé avec nous. On sait qui t'es, qui est ta femme, qui sont tes enfants. On peut te faire du mal si tu continues tes conneries. » Au passage, je lui glisse quelques bribes d'infos personnelles que j'avais glanées sur lui : son adresse exacte, le prénom de sa femme, l'école de ses gosses.

Le truc avec les escrocs, c'est qu'ils paniquent facilement quand on retourne leurs propres méthodes contre eux. Ils savent très bien qu'ils font de la merde, alors quand quelqu'un leur parle avec leurs codes, avec leur langage de la menace, ça les fait flipper direct.

« Comment vous savez tout ça sur moi ? me demande-t-il, la voix tremblante, complètement déstabilisé.

Rien d'illégal, juste des infos bien utilisées et bien dosées. Mais pour lui, c'est du niveau service de renseignement international.

– Écoute-moi bien, je lui dis avec mon accent israélien improvisé, tu rends immédiatement tout ce que tu as volé à cette dame, ou on s'occupe de ton cas personnellement. Et quand le Mossad s'occupe d'un dossier, crois-moi, ça se termine rarement bien. »

Le silence au bout du fil me confirme que ça fait mouche. Puis, d'une voix blanche :

« Qui êtes-vous ? Qu'est-ce que vous voulez ?

– On veut juste que justice soit rendue. Tu as 48 heures. »

Je raccroche et j'attends, le stress au ventre. Honnêtement, je ne sais pas si ça va marcher, si mon bluff va tenir, si je ne vais pas me retrouver avec un mec encore plus énervé qu'avant. Mais trois jours plus tard, la pharmacienne m'appelle, euphorique, la voix pleine de joie et de reconnaissance : « Marwan, c'est incroyable ! J'ai récupéré la totalité de la valeur marchande de mes bijoux, et même les bijoux non vendus ! Le type m'a tout rendu ! »

Elle me raconte que le voleur l'a contactée, complètement paniqué, qu'il voulait « arranger les choses », qu'il allait tout lui rendre sans condition. Il lui a même demandé pardon, en expliquant qu'il avait des « problèmes financiers », mais qu'il n'avait jamais voulu lui faire de mal.

« Est-ce qu'on peut se voir ? Je veux te remercier », me dit-elle, et j'entends dans sa voix une émotion que j'ai rarement entendue : de la gratitude sincère, pure, sans arrière-pensée. On se donne rendez-vous dans un restaurant, et là, elle sort une enveloppe de son sac : 10 000 euros en liquide. « C'est pour toi. Sans toi, j'aurais jamais revu mes bijoux. »

Je reste sans voix, complètement scotché. Dix mille euros. Les premiers 10 000 euros honnêtes de ma vie. Pas d'arnaque, pas de manipulation, pas de mensonge, pas de stress permanent de me faire gauler. Juste le résultat de mes compétences utilisées pour le bien, pour aider quelqu'un qui en avait besoin.

C'est à ce moment précis, assis dans ce restaurant avec cette enveloppe entre les mains, que je comprends tout. Pendant des années, j'ai utilisé mon intelligence et mes talents pour faire du mal, pour arnaquer, pour mentir. Et regardez le résultat : prison avec sursis, famille traumatisée, réputation foutue, stress permanent, nuits blanches, peur constante de me faire arrêter.

Là, en une semaine, avec les mêmes compétences, mais utilisées différemment, je gagne autant d'argent qu'avec mes meilleures arnaques, mais en plus j'aide quelqu'un, je répare une injustice, et je dors tranquille la nuit. « C'est dingue, je me dis en sortant, peut-être qu'on peut se faire plus d'argent en étant honnête qu'en étant malhonnête ? » Je me suis vraiment dit « écoute mec, si tu fais pas de ça ton taf, t'es une merde ».

Cette pharmacienne ne le sait pas, mais elle vient de me révéler ma voie, de m'ouvrir les yeux sur un chemin que je n'avais jamais envisagé. Elle devient aussi ma mentor, la personne qui va m'enseigner les codes du monde des gens honnêtes et fortunés. Au fil des semaines qui suivent, on développe une vraie amitié basée sur le respect mutuel. Cette femme m'ouvre les yeux sur un univers que je ne connaissais pas : celui des gens de confiance, celui où ta parole vaut quelque chose, où les relations se construisent sur du long terme.

Elle me parle d'investissements, de patrimoine, de fiscalité, de tous ces trucs que j'avais jamais appris dans ma cité et que personne m'avait jamais expliqués. Elle me fait découvrir que l'argent, ce n'est pas juste à claquer dans des hôtels de luxe à Amsterdam ou pour impressionner les potes. Ça peut se faire fructifier, se protéger, se transmettre, ça peut servir à construire quelque chose de durable. Il m'est même arrivé de faire corriger ma comptabilité par cette personne, et ça me faisait bizarre d'avoir quelqu'un de respectable qui prenait du temps pour m'expliquer des trucs sans rien attendre en retour. C'est devenu la grande sœur que j'ai jamais eue.

Quelques mois plus tard, cette même pharmacienne me rappelle dans un état de panique totale qui va confirmer ma nouvelle voie. Une banque en ligne vient de clôturer son compte du jour au lendemain sans préavis, comme cela arrive parfois avec les néobanques. Sur ce compte, il y avait plus de 200 000 euros, une somme qui représente des années d'économies et d'investissements. Elle était en vacances en Corse à ce moment-là et s'est retrouvée sans moyen de paiement, coincée dans une location qu'elle ne pouvait plus payer. Elle m'appelle, m'explique sa situation, et me demande de lui apporter 5 000 des 10 000 euros qu'elle m'avait donnés. J'entends dans sa voix qu'elle est vraiment au bout du rouleau.

J'ai acheté le Code pénal, le Code civil et le Code monétaire et financier, et j'en ai lu une bonne partie pendant mes longues heures sur le parking d'Émile-Gagneux. Dans le Code civil, l'article 1104 dit que la résiliation unilatérale sans préavis constitue une exécution déloyale d'un contrat et que la jurisprudence constante estime que le délai de préavis minimum raisonnable pour une résiliation est de 30 jours ; l'article 1344 dit que tout particulier est en droit d'envoyer une mise en demeure à toute entreprise qui ne respecte pas ses obligations contractuelles, à condition de pouvoir en prouver la date de réception. Jackpot ! Je rédige donc une mise en demeure moi-même, en utilisant le bon vocabulaire juridique, en citant les articles appropriés, en menaçant de poursuites judiciaires et de dommages et intérêts, et je n'oublie surtout pas de poster le tout en recommandé avec accusé de réception. Et putain, ça marche ! La banque renvoie les fonds comme par magie, 48 heures après la réception de ma mise en demeure, alors que la pharmacienne attendait depuis deux mois de récupérer son argent à cause des procédures internes de la banque qui ne menaient nulle part.

Cette deuxième victoire confirme ce que je commence à comprendre : mes compétences ont une vraie valeur sur le marché légal, elles répondent à un besoin réel, et je peux gagner ma vie, et bien la gagner, en aidant les gens au lieu de les arnaquer. Quand j'ai ramené les 5 000 euros à la pharmacienne en Corse – j'ai fait l'aller-retour dans la journée comme si c'était normal –, elle m'a regardé différemment, avec un respect que je n'avais jamais vu dans les yeux de quelqu'un.

Dans la foulée, elle fait mes éloges publiquement sur le groupe Facebook dédié aux montres, où je l'avais rencontrée, racontant comment j'ai récupéré ses bijoux volés avec un professionnalisme qu'elle n'avait trouvé nulle part ailleurs. Le responsable du groupe me contacte alors en message privé : « Marwan, vu ce que t'as fait pour cette dame, si tu veux publier des annonces pour vendre tes services, tu es le bienvenu. »

Avec 80 000 fans de montres sur ce groupe, il y avait là un vrai potentiel commercial que je commence seulement à entrevoir. Et de là, je commence à vivre un peu au black de mes services d'investigation, testant le marché, affinant mes méthodes. Toutes ces premières histoires sont liées aux montres de luxe : des gens qui se font arnaquer par de faux vendeurs, qui se font voler leurs pièces de collection, qui ont besoin de retrouver des escrocs pour récupérer leur argent.

Je commence à aider les gens méthodiquement, je leur demande ensuite de mettre des commentaires dans le groupe pour témoigner que mes services ne sont pas du pipeau, que je suis quelqu'un de fiable. Et mine de rien, j'arrive à gagner entre 2 000 et 3 000 euros par mois en faisant ça.

À l'époque, mes tarifs étaient ridicules par rapport à la valeur que j'apportais : 350 euros pour une identification complète qui permettait à mes clients de récupérer jusqu'à plusieurs dizaines de milliers d'euros.

J'étais seul, je travaillais depuis ma chambre-salon chez ma mère, mais j'étais heureux comme jamais. Pour la première fois de ma vie, je me levais le matin en me disant : « Aujourd'hui, je vais aider quelqu'un, je vais réparer une injustice, je vais utiliser mes compétences pour le bien. » C'était un sentiment de satisfaction et de fierté que je n'avais jamais connu, quelque chose de profondément différent de l'adrénaline de l'arnaque ou du stress permanent de la clandestinité.

Être quelqu'un de confiance, ça aide dans la vie. Depuis ce moment, et encore aujourd'hui, beaucoup de mes clients m'appellent parce qu'on m'a recommandé. Maintenant, c'est carrément les commissariats qui recommandent mes services aux gens. Vous vous rendez compte ?

Les forces de l'ordre font ma pub.

6.

Du parking aux plateaux télé

Si je ne me suis pas attardé sur le déjeuner avec mon amie pharmacienne, celui où elle m'a donné ces 10 000 euros et qui m'a mis sur la voie de l'entrepreneuriat, c'était à dessein. Je vous raconte désormais cette anecdote qui vous fera comprendre mon cheminement. Ou plutôt : la volte-face qui m'a permis de trouver un modèle économique pour le hacking éthique. La scène a lieu dans un restaurant chic parisien, Monsieur Bleu, près du Palais de Tokyo. J'arrive là-bas habillé en Marwan : pull à capuche, jean, baskets. Je me rends compte que le restaurant n'est pas halal, bon, pas de viande. Elle était déjà là quand je suis arrivé, et quand je vois les prix sur la carte…

« Tu commandes pas d'entrée ?

– T'as vu le prix des plats ? »

Dans les restaurants normaux, déjà, je ne commande pas d'entrée. Dans ma tête, elle allait payer, mais c'était pas officiel, alors je préférais éviter.

Pendant le repas, je découvre une femme super sympa, pour laquelle tout allait bien dans le meilleur des mondes, sauf cette histoire de 80 000 balles. Elle m'a raconté plus en détail l'histoire, que dans le lot il y avait des bijoux que sa mère avait hérités de sa grand-mère, des cadeaux hyper importants.

Très pointue sur le plan business et gestion de patrimoine, elle me dit :

« Ce que tu fais, tu devrais en faire un business.

– Mais comment je peux expliquer à chacun de mes clients que je vais les faire payer pour simplement leur donner le nom de leur escroc ? »

Ce n'est pas un modèle évident : quand bien même je vous jure que « votre arnaqueur c'est Jean-Michel Tartempion », qu'est-ce qui vous prouve que c'est vrai ? Difficile à vendre.

Elle me répond :

« Tu peux faire comme avec moi : tu leur fais suivre en direct l'enquête. »

Comme un petit thriller numérique individualisé. Je trouve l'idée pas débile, et je commence à structurer le truc dans ma tête.

Une évidence me frappe comme une révélation divine : il faut industrialiser cette idée. Pas question de rester un free-lance qui aide trois pelés dans un groupe Facebook. Je vois plus grand, beaucoup plus grand. L'idée germe pendant que je fume sur le parking d'Émile-Gagneux, et le nom s'impose tout seul, simple, efficace, international : « Find My Scammer » – trouve mon escroc. Pas besoin de sortir de Polytechnique pour comprendre le concept.

Au début, à l'époque de Facebook, j'appelais les escrocs avec des modificateurs de voix, je les menaçais avec toutes les infos que j'avais trouvées pour qu'ils remboursent mes clients. Et dans environ 40 % des cas, ça fonctionnait. Le reste, c'étaient des chevronnés qui se pensaient intouchables, donc il fallait transmettre aux forces de l'ordre. Le grand souci par rapport à la loi, c'est qu'on n'est pas censé se faire justice soi-même, et je n'ai aucunement envie de prétendre être la justice. J'ai donc appris à faire des rapports d'enquête recevables pénalement, grâce à une étude poussée du Code de la procédure pénale et de certains guides pédagogiques à destination des professionnels.

Un jour, une femme m'appelle et me demande de retrouver quelqu'un avec un simple numéro de téléphone. Je m'exécute, et en quelques minutes, je le retrouve. Une fois l'enquête finie, malgré tout, elle me harcèle de coups de fil. Je lui dis : « Tu forces un peu, là, laisse-moi tranquille. » Et puis je finis par comprendre pourquoi elle me harcèle. Elle me dit : « Je suis journaliste au *Parisien*, et le numéro qu'on t'a donné, c'est celui de mon rédac' chef. On voulait vérifier que tu étais bien ce que tu disais être. On est bluffés, est-ce qu'on peut faire un article sur toi ? » Au début, je refuse – la discrétion me semble plus sage. Mais elle insiste : « Ça peut être un coup de boost énorme pour ton activité. »

Je me laisse convaincre, et je me dis que ça va être l'occasion de me faire connaître au-delà du milieu des montres. Sauf qu'avoir une idée, c'est une chose, la transformer en machine de guerre numérique, c'en est une autre. Je me lance dans une mission quasi impossible : créer un site Web qui va exploser tous les compteurs du référencement. Mon objectif ? Que n'importe qui saisissant « arnaque » sur Google découvre ma gueule avant de tomber sur les sites officiels du gouvernement. Autant dire que j'ai visé les étoiles avec une fronde.

Première étape : j'enregistre la société. Avant, je travaillais seulement *via* Facebook ; c'est là que je faisais mes 2 000-3 000 euros maximum. Je savais que cela allait être une grosse visibilité. Je voulais réussir ma vie honnêtement, ce serait trop bête de rater le coche de cette énorme visibilité. Je suis conscient que, parfois, la vie n'est qu'une question de timing, et cette fois-ci j'allais devoir saisir ma chance, au risque de la voir ne plus jamais se présenter de nouveau. Il me fallait donc une société structurée, visible, bien référencée.

Après l'interview, je savais que l'article sortirait dans deux semaines, donc j'avais ce temps pour me structurer. Je pensais être nul dans la structuration… Donc je me suis demandé « dans quoi t'es fort ? ». Dans le fait d'être un comédien, d'inventer des trucs. Et donc, j'ai fait un brainstorming avec moi-même pour me mettre à la place du client potentiel. Je voulais savoir ce qu'il pourrait penser de moi en me voyant dans l'article, ce qu'il fallait que je mette en place pour que ce client potentiel se dise « c'est un gars sérieux ».

Ce qui suit relève du miracle technologique ou de la pure folie – au choix. Pendant 48 heures, je ne dors pratiquement pas. Trente-trois heures effectives devant l'écran, à boire du café comme un dératé et à enchaîner les lignes de code comme un possédé. Ma mission : maîtriser le référencement en ligne comme personne ne l'a jamais fait en France. Je découvre le growth hacking, cette discipline qui permet de multiplier les vues et le référencement avec des techniques que les moldus ne soupçonnent même pas. J'étudie les algorithmes de Google comme d'autres étudient la Torah. Je décortique chaque paramètre, chaque faille, chaque astuce pour remonter dans les résultats de recherche, de manière naturelle ou pas. Les mots-clés, les métadonnées, les backlinks, l'architecture du site… Je transforme FindMyScammer en missile balistique intercontinental du référencement. Et putain, ça marche !

Quand vous tapiez « arnaque sur le Net », vous tombiez directement sur mon site, au-dessus de « signal-arnaque.gouv.fr » et « signal-conso.gouv.fr ». Un gamin de banlieue qui dépasse l'administration française sur son propre terrain – l'ironie était savoureuse. Cette victoire technique me donne une légitimité que l'argent ne peut pas acheter. Du jour au lendemain, je ne suis plus un mec qui aide quelques collectionneurs. Je deviens *la* référence française en matière de lutte contre les arnaques numériques.

L'article dans *Le Parisien* fait l'effet d'une bombe. Après la publication de l'article, qui était accompagné d'une vidéo, c'était une vingtaine d'appels par jour, qui devenaient cinq ou six clients ensuite. J'affrontais ça sans souci, avec des horaires de 7 heures à 21 heures, et c'était gérable. Ça a fait boule de neige au fur et à mesure, surtout après que Mouloud Achour et ses équipes m'ont contacté pour me faire expliquer mon travail. Moi, j'adorais Mouloud, donc j'étais très content. Après le passage dans son émission *Clique*, avec un sujet bienveillant sur moi, il y a eu une seconde explosion, un peu plus importante. Et suite à ça, les équipes de C8 m'ont contacté puis m'ont invité dans une de leurs émissions, avec une victime d'escroquerie, en tant que témoin. Ça a très bien marché, là aussi, sauf que le flux a commencé à dépasser mes capacités humaines. J'ai commencé à travailler sept jours sur sept et 24 heures sur 24, seul. J'ai été sur ce rythme pendant quasiment huit mois très intenses.

Ensuite, j'ai aidé un certain Sébastien pour une affaire de jeux volés. Après que je l'ai aidé, il m'appelle et me dit : « Marwan merci de m'avoir aidé, j'en ai parlé avec Guillaume. » Il m'explique qu'il est auteur pour la chaîne YouTube *Legend*, très regardée, avec Guillaume Pley. Il me dit qu'il peut faire une vidéo sur moi. Je suis allé voir la chaîne, et c'est tout de suite devenu ma chaîne YouTube préférée. L'émission a été incroyable, avec plus de deux millions de vues, dont 200 000 commentaires… et c'est là que l'explosion est devenue totalement ingérable. C'était inhumain au point que ça m'a cassé un téléphone. La batterie a surchauffé tellement le téléphone sonnait, avec des notifications qui venaient de partout. WhatsApp, Messenger, Instagram… J'ai plus tard fait les comptes : le premier jour, j'ai reçu 12 appels par minute et, en tout, entre 5 000 et 10 000 e-mails. Autant vous dire que ça a été très sportif pour faire le tri.

Depuis ce moment-là, j'ai toujours été sous l'eau. Maxime, un pote avec qui j'étais au lycée, est le premier mec que j'ai fait rentrer en tant qu'employé sur FindMyScammer, puis ça a été mon petit frère, puis mon autre frère, et un autre pote à moi. Je n'ai voulu m'entourer que de gens de confiance ou de gens très compétents.

Avec cette nouvelle visibilité, le type de clientèle change radicalement. Finies les petites histoires de montres entre collectionneurs. J'entre dans la cour des grands, avec des affaires qui dépassent tout ce que j'avais imaginé. Des faux placements à plusieurs centaines de milliers d'euros, des arnaques sentimentales où des femmes se font soutirer leurs économies de toute une vie, voire des escroqueries industrielles où des entreprises perdent des millions… Le niveau monte exponentiellement, et moi avec. L'arnaque aux faux placements financiers est devenue l'un de mes axes principaux.

Chaque nouvelle affaire est un défi technique et psychologique inédit. Comment faire craquer un escroc qui utilise des cryptomonnaies et se planque derrière une dizaine de VPN ? Comment convaincre une victime de 70 ans qu'elle ne correspond pas vraiment avec Tom Cruise sur WhatsApp ? Comment récupérer de l'argent envoyé dans un paradis fiscal où la coopération judiciaire n'existe pas ? Je deviens un MacGyver de l'investigation numérique, capable d'improviser une solution pour n'importe quel problème. Et c'est ce que je m'apprête à vous raconter, toutes ces histoires folles, dans le reste de ce livre.

Mon arsenal technique s'étoffe à une vitesse hallucinante. Je ne me contente plus de chercher dans mes bases de données existantes, je développe mes propres outils, je code mes propres scripts, je crée mes propres méthodes d'infiltration et de pression psychologique. Chaque affaire me fait progresser, me force à innover, à sortir de ma zone de confort.

Progressivement, ce qui était de l'artisanat pur devient une véritable industrie standardisée. Je développe des *process*, des check-lists, des grilles tarifaires qui évoluent selon la complexité des dossiers. Chaque type d'arnaque a sa méthode dédiée, ses outils spécifiques, son approche psychologique adaptée. L'escroquerie sentimentale ne se traite pas comme l'arnaque aux investissements, qui ne se traite pas comme l'usurpation d'identité.

J'instaure aussi un système de qualification des clients pour éviter de me faire avoir – parce que oui, même les gens qui luttent contre les escrocs peuvent se faire arnaquer par de fausses victimes. J'apprends à déceler les incohérences dans les récits, à vérifier les preuves de transaction, à m'assurer que mes clients sont bien des victimes légitimes et pas des escrocs qui cherchent à récupérer des infos sur leurs concurrents.

Ce qui me bluffe le plus dans cette période, c'est la reconnaissance que j'obtiens de la part du milieu professionnel traditionnel. Des avocats commencent à me recommander à leurs clients pour les aspects techniques de leurs dossiers. Des détectives privés font appel à mes services pour tout ce qui touche au numérique. Même des policiers, officieusement, bien sûr, au début, viennent discrètement me demander des conseils sur leurs enquêtes cyber.

Un écosystème se met en place autour de FindMyScammer. Je ne suis plus un électron libre qui navigue en solo, je deviens un acteur reconnu d'un marché qui n'existait pas avant moi. Cette légitimité professionnelle me donne une crédibilité énorme et ouvre des portes que je n'aurais jamais imaginées quelques mois plus tôt.

L'effet médiatique démultiplie ma visibilité et ma crédibilité. Je passe du statut d'expert underground à celui de référence publique en matière de cybersécurité éthique. FindMyScammer n'est plus juste un *side project* qui me permet de gagner ma vie. C'est devenu une mission, une vocation, une raison d'être. Le Robin des *bails* douteux était né, et il n'avait pas fini de faire parler de lui. Mon téléphone explose, ma boîte e-mail déborde, les demandes affluent de partout. Je ne suis plus seulement le mec des montres de luxe, je suis devenu le dernier recours de milliers de victimes qui ne savent plus vers qui se tourner.

Surtout, la vraie consécration était intime. Avant que je passe dans les médias, je n'aurais jamais essayé d'expliquer à ma mère que j'essayais d'aider les victimes d'escroquerie. Si elle n'avait pas vu ça dans les médias, elle ne m'aurait pas cru. Elle a commencé à comprendre quand elle m'a vu dans *Clique* avec Mouloud Achour. Même avec la vidéo du *Parisien*, elle n'était pas si convaincue que ça. Puis elle a vu le témoignage des victimes dans *Legend*, et elle a rencontré une de mes clientes au Maroc, qui lui a dit que j'avais sauvé sa vie. C'est là qu'elle m'a appelé pour me dire : « T'aides vraiment les gens, en fait », et qu'elle était fière de moi. Ça faisait depuis le CM2 qu'elle ne m'avait pas dit ça, alors que je m'étais arraché une dent tout seul.

7.

Pig butchering diplomatique

Du jour au lendemain, je suis passé du statut de hacker éthique underground à celui de consultant officieux pour un gouvernement. Bienvenue dans les coulisses du pouvoir, où les affaires d'État se règlent parfois avec un peu d'astuce et beaucoup de culot.

Un certain Alex se présente avec un flegme royal. Il se présente comme le directeur du renseignement d'un État européen qui cherche quelqu'un avec mes compétences pour développer ses services. « Tu serais intéressé par un partenariat avec nous sur certains dossiers ? »

Jusqu'alors, cet État ne disposait pas de service de renseignement en cybersécurité. Alex m'approchait dans le cadre de la création de cette cellule.

Mon premier réflexe ? La méfiance absolue. Dans mon milieu, on apprend très vite à se méfier des coups de fil trop beaux pour être vrais. Surtout quand ça vient d'un numéro étranger et que le type te parle de contrats gouvernementaux dès les premiers mots. Mon expérience d'ancien escroc me rendait particulièrement sensible aux tentatives d'arnaque sophistiquées.

Alors je lui réponds cash, sans détour : « Tu veux pas nous tester d'abord ? » Histoire de voir si c'est du sérieux ou si je vais me retrouver avec un mytho qui se prend pour James Bond et qui va essayer de me soutirer des informations ou de l'argent.

Et là, Alex me balance un dossier qui va me faire rentrer de plain-pied dans le grand bain de la géopolitique digitale : un site Web mystérieux, satirique, qui balance des scoops particulièrement venimeux sur le chef d'État de ce pays dont je suis contractuellement obligé de taire le nom, avec des informations qui semblent provenir de quelqu'un ayant un accès direct aux cercles les plus fermés du pouvoir.

« Un prestataire nous a fait un contrat de veille OSINT d'un an, mais il est complètement inefficace », m'explique Alex avec une pointe d'agacement dans la voix. Je découvre avec stupéfaction qu'ils payaient ce type 130 000 euros par an – une somme astronomique pour de la veille –, et qu'au lieu de dire honnêtement : « Je n'y arrive pas », il les menait en bateau avec de fausses pistes pour continuer à les facturer mois après mois.

Les articles du site en question étaient rédigés dans une langue très châtiée, très travaillée, et ça tirait à balles réelles sur le chef d'État. Il y avait des posts sur l'actualité officielle, mais dans lesquels l'auteur dévoilait systématiquement les dessous de ce qui se passait vraiment en coulisses. Des informations que le dirigeant n'avait données à personne, des détails sur des réunions privées, des projets confidentiels, des tensions familiales…

Ce qui rendait la situation particulièrement préoccupante, c'est que ces révélations généraient parfois des articles dans la presse sérieuse. Des journalistes reprenaient ces informations pour alimenter leurs propres enquêtes, créant un effet de caisse de résonance qui amplifiait l'impact des fuites.

Le défi était corsé : comment identifier quelqu'un qui se planque derrière un site Web parfaitement anonymisé et qui a visiblement accès à des informations ultraconfidentielles ? D'abord, par réflexe professionnel, je fais appel à mes contacts hackers français pour avoir leur avis. Leurs idées me laissent perplexe : « Fais des signalements aux hébergeurs, essaie de faire fermer le site par les voies légales. »

Sérieusement ? On me demande de résoudre une affaire d'État qui touche à la sécurité d'un dirigeant, et on me propose de remplir des formulaires administratifs ? C'était exactement le type d'approche bureaucratique qui expliquait pourquoi ils faisaient appel à moi plutôt qu'aux services traditionnels.

On s'est mis d'accord sur un prix pour cette mission test : une facture de 4 500 euros. On a signé un contrat de confidentialité draconien. Les informations devaient être stockées sur un serveur sécurisé spécifique, puis envoyées exclusivement aux services de renseignement du pays et effacées définitivement de mon ordinateur une fois la mission terminée.

Après des mois d'immobilisme de la part du précédent prestataire, Alex commençait sérieusement à se faire remonter les bretelles par le chef d'État en personne. La situation devenait politiquement tendue, et la pression montait.

Je lui propose alors une approche radicalement différente : « En attendant de trouver l'identité de son administrateur, on va faire tomber le site. » L'idée, c'était de créer un déséquilibre, une panique contrôlée. Forcer le propriétaire du site à sortir de sa cachette, à commettre une erreur, à répondre, à ajuster. Bref, à réagir. On a mis en place une série d'actions coordonnées, assez… appuyées, disons, pour le rendre instable. Techniquement, le site est devenu inaccessible pendant plusieurs heures. Le genre de dérangement qui n'est pas assez clair pour être immédiatement attribuable, mais suffisamment gênant pour qu'on s'agite en coulisses. Pendant que l'attention du gestionnaire était focalisée sur la reprise du service, nous, on observait tout. On traquait le moindre de ses mouvements. On scrutait chaque faille. Quelques heures plus tard, au bord de la conjonctivite, c'est le jackpot : son site était codé avec les pieds, du PHP amateur avec des failles de sécurité béantes partout. WordPress, c'est un système qui sert à créer des sites Internet facilement, mais quand c'est mal configuré, ça devient une passoire géante. Le type avait tellement mal géré son infrastructure qu'il n'avait même pas pris le soin de réserver le vrai nom de domaine correspondant à son blog WordPress. Le site tournait sur xxx.wordpress.com, un sous-domaine classique des blogs gratuits. Mais le domaine xxx.com, lui, était... libre. Disponible à l'achat, comme un trône sans roi à vendre pour 1 euro l'année. J'ai pas hésité une seconde : je l'ai acheté.

Ensuite, j'ai juste pris le temps de bien configurer les enregistrements DNS : sous-domaines, redirections, certificats SSL... Rien de sorcier, mais tout fait proprement. Puis j'ai contacté les équipes de WordPress.com en leur expliquant que j'étais désormais le propriétaire légitime du domaine principal, et que je souhaitais prendre le contrôle du site associé.

Et là, le tour de magie opère. Sans taper une seule ligne de code d'exploitation, sans faire tomber un seul mot de passe, je suis devenu maître du site. Parce qu'en matière de propriété numérique, celui qui détient le nom de domaine principal est roi. J'avais le trousseau complet. Accès aux contenus, aux boîtes e-mail liées au domaine, à tout l'historique du propriétaire précédent. Et, plus important encore, au cœur du réseau d'échange. Ce n'était pas du hacking. C'était de la stratégie. Un coup de billard DNS à trois bandes. Une fois en contrôle sur tout ce petit attirail technique, je peux maintenant énumérer et analyser tous les messages reçus par cette personne. C'est comme fouiller dans la boîte e-mail de quelqu'un, mais en toute légalité puisqu'on possède désormais le domaine.

Dans la pile de messages, je tombe sur une adresse e-mail particulièrement intéressante qui échange régulièrement avec l'auteur du site que je viens de récupérer. En recoupant avec mes bases de données et mes techniques d'OSINT, l'identité se précise : il s'agissait d'un homme d'affaires richissime, à la tête d'un véritable empire de la restauration, un proche du chef d'État.

Le puzzle se reconstitue progressivement : jalousie, vengeance personnelle et affaires financières. Les mobiles classiques des intrigues de cour, version 2.0. L'homme avait des griefs personnels contre le chef d'État, probablement liés à des investissements communs. Évidemment, il n'écrivait rien lui-même directement – il était bien trop malin pour ça –, mais il payait discrètement d'autres personnes pour répandre ces rumeurs et ces révélations compromettantes.

Quand je présente mon rapport final à Alex, l'histoire est bouclée de A à Z. J'ai l'identité complète du donneur d'ordre, ses motivations psychologiques, ses liens historiques avec le chef d'État, ses moyens d'action, ses relais techniques. Du travail de professionnel, clé en main, avec des preuves irréfutables.

Et là, Alex me propose quelque chose que je n'aurais jamais imaginé dans mes rêves les plus fous : devenir officiellement le bras armé cyber de cet État. Le gamin de Ris-Orangis qui flashait des PSP dans sa chambre devient consultant officiel d'un État reconnu par l'ONU. L'ironie de la situation ne m'échappe pas.

Concrètement, le contrat qu'ils me proposent rapporte entre 500 000 et 600 000 euros par an. Une somme qui dépasse largement tout ce que j'aurais pu imaginer gagner légalement quelques années plus tôt. Le périmètre de la mission est volontairement flou : contractuellement, il s'agit de « répondre aux menaces cyber de toute nature ». Il n'y a pas plus de contexte précis que cela, les tâches ne sont pas établies à l'avance, car ce sont des missions émergentes par définition.

Comme leur service de renseignement avait été créé récemment, ils n'avaient pas les talents en interne en hacking ni en OSINT, et on va dire que je suis tombé au bon endroit et au bon moment en créant FindMyScammer. Ma notoriété grandissante grâce aux affaires médiatisées et ma réputation technique faisaient de moi le candidat idéal pour ce type de collaboration.

Ce qui est fascinant dans ce contrat, c'est que, depuis la signature, ils ne nous ont sollicités qu'une seule fois de manière opérationnelle. C'était un cas de harcèlement : quelqu'un harcelait le chef d'État directement sur son numéro personnel, avec des messages menaçants envoyés en pleine nuit. On a identifié le harceleur en quelques heures seulement avec nos méthodes habituelles.

C'est un contrat d'astreinte, une assurance « au cas où ». On fait beaucoup de veille proactive sur tout ce qui concerne le chef d'État et sa famille, le nom de l'État, tout ce qui touche de près ou de loin à leur actualité : on doit être informés en temps réel de tout ce qui se passe sur Internet, et pouvoir en informer Alex immédiatement quand quelque chose de sensible se produit. Notre rôle, c'est d'agir rapidement si, par exemple, un compte sur les réseaux sociaux apparaît soudainement et se met à diffamer le chef d'État ou à répandre de fausses informations.

Quand tu mets un pied dans l'univers fermé des services de renseignement, les recommandations circulent très vite dans les cercles du pouvoir. Un copain parle à un copain, qui parle à un cousin ambassadeur, qui parle à un ministre... L'effet réseau joue à plein, et ta réputation se propage de palais en ambassade.

Peu après cette collaboration, j'ai travaillé pour un diplomate de haut rang issu d'un pays européen et en poste en France. Je ne peux malheureusement pas en dire davantage sur son identité ou son pays d'origine, et vous allez rapidement comprendre pourquoi.

Cet homme s'était retrouvé dans une situation extrêmement délicate. Il avait rencontré une femme sur une application. Après quelques échanges qui semblaient innocents, ils s'envoient des photos de plus en plus intimes, commencent à parler de rendez-vous en privé. L'homme était manifestement sous le charme et s'investissait émotionnellement dans cette relation virtuelle.

Plusieurs fois, mon client a essayé de voir cette femme en personne, et elle se défilait systématiquement avec des excuses de plus en plus créatives. Il lui avait même payé des billets d'avion pour qu'elle vienne le rejoindre en France, et lui envoyait régulièrement de l'argent pour l'aider dans ses supposées difficultés financières. Cet homme, qui, je précise, était marié avec des enfants, a fini par se dire qu'il y avait quelque chose de bizarre dans cette relation et par aller au clash avec elle.

Arrive alors ce qui arrive systématiquement dans ces cas-là : la « fille » le menace de dévoiler ses photos intimes sur Internet, et surtout de contacter directement sa femme pour tout lui raconter. Imaginez le scandale pour un diplomate en exercice : chantage, adultère, compromission... Sa carrière était finie, et les relations entre son pays et la France auraient pu en être affectées.

C'est à ce moment de panique totale qu'il décide de nous appeler. Très vite, en employant nos techniques habituelles d'investigation numérique, on a retrouvé l'identité réelle de la « fille » : un homme basé au Cambodge. Le chantage était bien rodé et le gars ne voulait pas en démordre. Il avait probablement plusieurs « clients » en cours et vivait de ces extorsions. Heureusement pour notre diplomate, celui-ci nous a révélé qu'il avait également placé de l'argent sur un site de placements financiers conseillé par son « amante » virtuelle.

C'est là que l'affaire a pris une autre dimension. On était en plein dans ce qu'on appelle, dans le jargon, un cas de « pig butchering » : une escroquerie hybride, particulièrement perverse, où la victime est d'abord engraissée émotionnellement avant d'être abattue financièrement. Ce type d'arnaque est généralement orchestré par des réseaux organisés dans des « fermes d'arnaqueurs » en Asie du Sud-Est, avec des escrocs forcés à travailler. Mais, dans ce cas précis, l'individu qui opérait semblait mettre du cœur à l'ouvrage. Il n'était pas juste un exécutant, il prenait visiblement du plaisir à manipuler, et n'a pas hésité à menacer directement le diplomate de publier leurs échanges intimes s'il ne continuait pas à payer. On a donc ouvert une enquête technique complète sur le site de placement qu'il avait utilisé. Très vite, on a trouvé une faille de configuration aussi grossière qu'efficace : une mauvaise gestion des cookies d'authentification qui nous a permis d'obtenir un accès administrateur au site sans forcer quoi que ce soit. Une fois à l'intérieur, c'était un véritable coffre-fort laissé ouvert. On a pu extraire la base de données complète du site, qui contenait des traces de plus de 800 victimes : adresses e-mail, montants investis, échanges, et surtout les identifiants des administrateurs. Grâce à ces éléments, on a repéré les adresses e-mail utilisées par les escrocs pour se connecter au back-office du site. On leur a alors envoyé un lien piégé, habilement conçu, qui a déclenché une chaîne de traçage silencieuse. Ce lien nous a permis de récupérer leurs empreintes numériques exactes, y compris leur localisation physique précise, quelque part au Cambodge.

Une fois les individus identifiés, on a décidé de les neutraliser temporairement, à notre manière. Disons simplement que le site a commencé à suffoquer sous la charge, et s'est écroulé dans une erreur 504. Le chargement a duré trois jours. Pas très ergonomique pour l'utilisateur, mais très pratique pour moi. Le temps que l'hébergeur se réveille et coupe proprement l'accès, je m'étais assuré que le patient restait dans le coma.

Il y a eu un autre moment particulièrement surréaliste dans cette période : une ambassade qui m'appelle directement pour me dire que ses systèmes informatiques avaient été piratés. Quand ils essayaient d'appeler la maintenance informatique habituelle de leur gouvernement, on leur répondait qu'ils ne pouvaient pas faire intervenir quelqu'un avant plusieurs semaines.

Alors ils nous ont appelés, par curiosité et par désespoir, pour savoir si on pouvait les aider à résoudre ce problème urgent. On me demande de venir directement à l'ambassade pour un diagnostic sur place. Je viens avec mon matériel léger : un portable durci, fait pour survivre aux conditions extrêmes, une clé USB blindée d'outils forensiques, et un petit routeur configuré en sniffeur passif pour surveiller le trafic Internet du réseau sans alerter les systèmes de sécurité interne.

Quand j'arrive devant le bâtiment, je suis immédiatement impressionné : ça ressemble à une façade de « château de ville » avec un énorme drapeau national qui flotte majestueusement. Juste à côté de l'ambassade, il y a des places de parking réservées aux VIP et aux personnalités officielles. Ce jour-là, il y en avait une pour moi. J'étais bien content de cette reconnaissance symbolique.

En entrant à l'intérieur, je voyais pour la première fois de ma vie un tapis qui faisait quatre ou cinq fois ma taille. Et pourtant, je fais 1,86 m. Le tapis était absolument gigantesque, d'une richesse inouïe. Et le plus fou, c'est qu'il ne couvrait même pas toute la pièce tellement l'espace était immense. J'ai fait une fixette totale dessus pendant tout l'entretien. Quand je suis rentré chez moi le soir, je me suis amusé à me renseigner sur les prix de ce type de tapis, et ça m'a immédiatement calmé.

Il y avait d'immenses fenêtres, la décoration était dans un style château à l'ancienne, mais avec des éléments résolument modernes, du très beau mobilier design mélangé avec des œuvres d'art traditionnelles. C'était à la fois un lieu de travail diplomatique et un véritable musée. L'atmosphère était à la fois solennelle et chaleureuse.

Leur responsable informatique sur place, qui n'était manifestement pas un expert en cybersécurité mais plutôt un généraliste, est resté à côté de moi tout au long de mon diagnostic. Le type m'explique que le problème était apparu du jour au lendemain, qu'il ne comprenait absolument rien à ce qui se passait, et que, selon lui, ça venait d'un ordinateur spécifique utilisé par l'une des employées.

Je commence à analyser méthodiquement les fichiers de l'ordinateur suspect. J'avais avec moi une version portable de mes outils favoris : analyse mémoire, récupération des historiques, surveillance du trafic en temps réel. Rien de magique, juste ce qu'il faut pour écouter ce que la machine a à dire quand elle pense que personne ne regarde. Et je me rends compte rapidement, en épluchant les logs de l'employée, qu'une adresse Internet précise revenait très souvent, à des horaires complètement anormaux. Elle apparaissait dans les logs en dehors des heures de bureau, la nuit et le week-end, quand l'ordinateur était censé être éteint et le bâtiment fermé.

Je commence à expliquer au responsable informatique que c'est effectivement très étrange, sauf si quelqu'un venait travailler régulièrement après les horaires officiels. Il me répond catégoriquement avec un sourire en coin : « Non, personne ne vient jamais en dehors des heures d'ouverture, c'est formellement interdit pour des raisons de sécurité. »

De là, je commence à analyser en profondeur le lien suspect. L'URL était masquée derrière plusieurs couches de redirections, comme un oignon numérique. Chaque clic te mène vers une nouvelle coquille vide, une page blanche, comme si de rien n'était. Mais derrière le silence, le code parle. Il envoie des signaux à un serveur distant. Pas grand-chose, mais juste assez pour signaler : « Je suis là. » On appelle ça un *beacon* – un phare.

Je vais fouiller dans tous les documents stockés sur l'ordinateur, je passe tous les fichiers en revue un par un, et je m'aperçois qu'il y a un fichier exécutable étrange sur ce PC. Un programme qui ne devrait absolument pas être là, avec un nom suffisamment neutre pour passer inaperçu, genre « driver_helper.exe », et qui n'appartenait à aucun logiciel officiel installé sur la machine.

Je le fais analyser avec mes outils spécialisés, et on s'aperçoit que ce fichier malveillant communiquait directement avec la fameuse adresse Internet évoquée plus haut. En fait, ce lien servait à gouverner des botnets, un réseau de machines infectées qu'on peut utiliser à distance pour infecter d'autres machines, voler des données, ou lancer des cyberattaques.

L'ambassade avait été infectée par un malware sophistiqué qui transformait ses ordinateurs en zombies pilotables à distance. Quelqu'un, quelque part dans le monde, pouvait potentiellement accéder à tous ses documents diplomatiques confidentiels.

Heureusement pour cette nation, le serveur principal n'avait pas encore été touché par l'infection. On était arrivés juste à temps pour éviter une catastrophe. Imaginez que des documents classifiés se retrouvent en vente sur le dark Web, ou que des informations sensibles soient utilisées pour du chantage géopolitique...

Cet incident diplomatique potentiel s'est finalement terminé par un parcours de santé informatique complet. On a recommandé à l'ambassade de changer immédiatement tous les mots de passe : ceux des postes utilisateurs, des boîtes e-mail, du serveur de fichiers, du Wi-Fi, de l'accès au VPN... Tout. Pas de recycle, pas de variations de type « Ambassade2022 » ou « Diplomate123 ». On est partis sur des mots de passe uniques, générés aléatoirement, stockés dans un gestionnaire sécurisé, avec des critères stricts : 20 caractères minimum, majuscules, minuscules, chiffres, symboles. Ensuite, pour les postes les plus sensibles, ceux utilisés par les diplomates eux-mêmes, on a mis en place une authentification à deux facteurs physique, *via* des clés de sécurité USB de type YubiKey. Même si un mot de passe venait à être compromis, il serait inutilisable sans la clé physique. Pour les échanges numériques, on leur a montré comment décoder les en-têtes d'un e-mail pour identifier une fausse provenance, comment vérifier les liens avant de cliquer avec des outils comme VirusTotal, et surtout, comment alerter immédiatement en cas de doute, même minime. On leur a aussi recommandé d'adopter des réflexes simples : interdire les clés USB non chiffrées, bloquer les macros Office, désactiver les comptes utilisateurs inutilisés, séparer physiquement les machines dédiées aux documents confidentiels et, le plus important, documenter chaque incident, même petit. Enfin, on leur a formellement interdit d'utiliser la machine identifiée comme infectée – aucune confiance possible une fois qu'un système a été trahi à ce point. Formatage complet. Réinstallation propre. Nouveau point de départ.

L'apothéose de cette période surréaliste, c'est quand les services du Premier ministre d'un pays africain me contactent directement. On reçoit un e-mail officiel avec le nom de domaine .gov du pays en question, ce qui nous permet immédiatement de savoir que c'est parfaitement sérieux et que ça vient bien des autorités officielles.

Un homme me contacte au nom du Premier ministre. Au début, il ne me dit pas exactement pourquoi on se met en relation. Il me propose simplement qu'on déjeune ensemble pour discuter en détail de possibilités de collaboration. Rendez-vous est pris dans un restaurant du 15e arrondissement.

L'homme est imposant, avec un magnifique costume trois-pièces et un beau pin's aux couleurs du drapeau de son pays accroché au revers de sa veste. Il est musulman, je suis musulman, on partage les mêmes principes et les mêmes valeurs fondamentales.

Ça a commencé par une affaire strictement personnelle. Sa femme se faisait harceler et menacer de mort par messages anonymes, et personne n'arrivait à déterminer d'où ça venait exactement. Lui avait une petite idée sur l'identité du harceleur, il pensait que ça pouvait être une ex-compagne à lui qui cherchait à se venger. Rien que dans ses explications détaillées, je me dis immédiatement que ça ne peut être qu'elle : les indices concordent parfaitement.

Mais il voulait des preuves solides et irréfutables avant d'agir. Je lui demande de me donner tous les éléments en sa possession concernant ce harcèlement pour pouvoir lancer une enquête méthodique. En quelques clics de recherches OSINT très basiques, je trouve un nom qui correspond exactement à ses soupçons.

J'en parle avec lui, et il me confirme : « Oui, c'est elle, j'en étais sûr. » Après qu'il a vu mon rapport d'enquête complet avec toutes les preuves techniques, il me dit avec satisfaction : « Super, tu es vraiment rapide et efficace. »

Cette petite mission de test était en fait un prétexte pour évaluer mes compétences avant de me proposer quelque chose de beaucoup plus ambitieux au niveau géopolitique.

Son pays, comme beaucoup de nations africaines, voulait montrer patte blanche sur les questions de lutte contre la cybercriminalité internationale. C'était devenu un enjeu majeur pour son image diplomatique et ses relations avec l'Europe et l'Amérique du Nord.

Là où j'entre en scène dans cette stratégie, c'est qu'en faisant un partenariat officiel avec FindMyScammer, son gouvernement pourrait agir immédiatement dès lors qu'un cybercriminel de son pays se ferait identifier par nos services ; et ainsi, montrer concrètement le volontarisme et l'efficacité de son pays dans la lutte contre ce fléau.

Il se trouve que dans nos dossiers récents, à l'époque, on avait eu plusieurs cas où les escrocs identifiés contre nos victimes françaises venaient effectivement de son territoire. C'était donc une situation gagnant-gagnant parfaite pour tout le monde.

En réalité, ça avait toujours été un objectif personnel pour moi d'être reconnu au point que le cachet et la réputation de notre société fassent foi auprès des forces de l'ordre pour qu'elles agissent rapidement. Avoir cette légitimité institutionnelle, c'était le graal.

On lui a donc envoyé un premier dossier test avec toutes les preuves concernant un escroc de son pays qui avait arnaqué un de nos clients français. En moins d'une semaine, le suspect avait été arrêté par les autorités locales. Notre client a immédiatement reçu un e-mail officiel des autorités judiciaires locales pour récupérer son argent qui avait été saisi pendant l'arrestation.

Notre client français doutait un peu au début, il pensait que cela pouvait être une nouvelle arnaque, une continuation de l'escroquerie initiale. Mais non : en face, c'était parfaitement sérieux et officiel.

La suite de l'histoire ? Le Premier ministre en personne m'appelle pour qu'on se rencontre. Me voilà donc, quelques jours plus tard, attablé dans un restaurant parisien avec un chef de gouvernement qui me parle tranquillement d'affaires de cybercriminalité dans son pays, comme si on parlait de la météo. L'irréalité de la situation me frappe : il y a quelques années, j'étais encore en train d'arnaquer des gens sur Leboncoin.

L'homme me propose un deal très clair : je lui envoie systématiquement tous les dossiers où j'ai identifié des escrocs originaires de son pays, et lui s'engage à faire des actions d'interpellation dans les 72 heures. En échange, lorsque des journalistes me posent des questions en entretien sur la coopération internationale, je dois mentionner positivement dans les médias que son pays est « carré » et efficace sur les questions de cybercriminalité. Et je n'ai pas à me forcer : il l'est !

C'est de la diplomatie digitale pure : utiliser ma notoriété médiatique grandissante pour redorer l'image cyber d'un pays en échange d'une coopération opérationnelle concrète. Du donnant-donnant au niveau géopolitique, négocié autour d'un plat de pâtes dans le 15e arrondissement de Paris.

Ce qui me frappe dans toutes ces collaborations gouvernementales, c'est à quel point les lignes bougent rapidement quand on parle de cybersécurité moderne. Les procédures officielles traditionnelles sont trop lentes, trop lourdes, trop bureaucratiques pour s'adapter à la vitesse d'Internet et à l'urgence des crises numériques.

Alors les gouvernements contournent de plus en plus souvent leurs propres systèmes en faisant directement appel à des sociétés privées comme la mienne. C'est plus rapide, plus efficace, plus discret aussi, parfois.

8.

Sur la trace des millions du président

L'affaire la plus incroyable sur le plan financier et géopolitique de ces quelques années avec FindMyScammer a commencé quand la fille d'un oligarque a frappé à ma porte. Une affaire qui va me faire passer des plateaux télé aux salles de ventes aux enchères, des bases de données de hackers aux comptes en fiducie dans des paradis fiscaux.

Tout commence, comme bien souvent, par un coup de téléphone. Au bout du fil, une femme qui me demande immédiatement de la rappeler sur l'application chiffrée Signal. Déjà, ça me met sérieusement la puce à l'oreille.

À ce moment-là, je suis dans mes bureaux avec Maxime, mon bras droit de l'époque, et on se regarde en se disant : « C'est bizarre, elle veut qu'on l'appelle sur Signal. »

Dans mon métier, quand un client potentiel veut changer d'application de messagerie dès le premier contact, c'est soit un parano complet, soit quelqu'un qui a de vraies et sérieuses raisons de se planquer. Et généralement, les deux vont de pair.

« Je m'appelle Yuna, me dit-elle avec un accent asiatique marqué, mais élégant. Je suis la fille d'Untel, qui dirige une grande société industrielle de la tech. » Elle me balance directement le nom de sa société. Comme j'ai signé un accord de confidentialité draconien, je ne suis pas en mesure d'en parler publiquement ou de dévoiler trop d'informations à propos de cette affaire... Mais vu le tournant que celle-ci a marqué dans ma vie, je me devais de lui consacrer un chapitre complet. Ce que je peux dire, c'est qu'Yuna est l'héritière directe du genre de boîte qui fait du business à neuf chiffres et qui a des relations avec des gouvernements.

Notre méthode habituelle, c'est de tout faire à distance. On se protège systématiquement de notre côté : on fait un métier où des escrocs peuvent nous en vouloir, où des gens puissants peuvent avoir des comptes à régler, donc on évite au maximum les points de connexion physique. On travaille tous de chez nous, et on évite au maximum les brèches vers un accès direct à nos personnes.

Mais Yuna insiste avec une urgence palpable : « J'ai un dossier touchy, mais faut absolument qu'on se rencontre. » Il est 12 h 30, et elle me sort : « On peut se voir là, de suite ? »

On parle quand même 30 minutes au téléphone, histoire de jauger le personnage et d'évaluer les risques. Finalement, on se laisse convaincre d'aller la voir dans un restaurant à Paris. Et quand quelqu'un qui brasse des centaines de millions te dit qu'elle a un dossier « touchy », tu sais d'avance que tu t'apprêtes à vivre des choses incroyables.

On se fixe rendez-vous dans un restaurant italien situé tout près des Champs-Élysées, un endroit assez confidentiel que connaissent seulement les initiés. Quand tu rentres, tu découvres une déco très traditionnelle à l'italienne, l'ambiance feutrée et intimiste des endroits où se négocient les gros coups en toute discrétion. Des boiseries sombres, des séparations acoustiques, une atmosphère qui respire l'argent et les secrets.

La carte arrive, je l'ouvre machinalement, et là c'est un autre monde qui s'ouvre sous mes yeux. Je me suis dit « mais merde, j'ai atterri où exactement ? » Sous mes yeux ébahis, une liste de plats à 150 euros minimum, sans accompagnement.

Yuna débarque avec un look qui me surprend par sa sobriété : t-shirt blanc tout simple, pantalon en toile léger, mocassins en cuir marron – on est en plein été –, mais ce qui attire mon regard immédiatement, c'est sa montre. Ce n'était pas une Hublot de rappeur en or massif, ni une

Rolex qui hurle : « J'ai réussi, venez m'agresser », c'était une Vacheron Constantin. Rien que ça. Le genre de montre qui ne parle qu'à ceux qui savent. En y repensant, ça m'a fait sourire : elle avait littéralement le prix d'un appartement de banlieue au poignet, et pourtant, elle portait ça comme s'il s'agissait d'une simple Flik Flak de chez Swatch. Une pièce à plus de 130 000 euros qui brillait autant par sa valeur que par la nonchalance avec laquelle elle la portait. Pas du tout le profil tape-à-l'œil qu'on imagine pour une fille d'oligarque. Elle incarnait cette forme rare de luxe discret : celui qu'on ne montre pas parce qu'on n'a jamais eu besoin de prouver quoi que ce soit. Ça ne transparaissait pas dans les vêtements – volontairement neutres –, mais dans son attitude. Une aisance naturelle à parler, à occuper l'espace, à commander. Soit une nana très heureuse dans la vie, soit une femme qui n'avait jamais connu la moindre contrainte financière. Yuna, elle, c'était probablement les deux.

« Prenez ce que vous voulez, vraiment », nous dit-elle avec un geste large de la main, presque théâtral. Maxime et moi, on ne veut pas abuser de sa générosité, alors on commande un plat chacun, pensant que c'est la norme dans ce genre de situation... Et puis, parler business le ventre plein, c'est jamais une bonne idée. Après un repas copieux, ton esprit se retrouve noyé sous la digestion, et tout ce que tu veux, c'est te concentrer sur la lourdeur dans ton estomac plutôt que sur les mots de la personne en face de toi. La clarté mentale s'échappe, et avant même de t'en rendre compte, tu n'es plus pleinement présent dans la conversation. Pourtant Yuna insiste, elle veut absolument qu'on mange, et se montre vexée par notre modeste choix.

Et là, elle se met à commander littéralement toute la carte. En quelques minutes, on voit les plats arriver les uns après les autres, de plus en plus nombreux, et on se retrouve dans une situation où ne pas manger pourrait être mal perçu, comme un geste ingrat. Mais en même temps, on voulait absolument en venir aux faits. Pendant qu'Yuna parle de son affaire, je suis discrètement en train de calculer en euros pour combien il y en a sur la table. Je dis tout bas à mon acolyte :

« Il y en a pour plus de 1 000 euros sur la table.

Sans bouger la mâchoire, il me répond :

– 1 180 euros exactement. »

C'est pendant ce festin surréaliste que Yuna nous raconte une histoire digne d'un thriller géopolitique international. Et plus elle parle, plus je comprends qu'on n'est plus du tout dans le même monde que nos affaires habituelles.

Au cœur de son récit : un litige titanesque avec un pays asiatique dont je suis également obligé de taire le nom pour des raisons de sécurité et de discrétion. Ce pays a été condamné par la justice internationale à verser une somme colossale à la société du père de Yuna. Je manque littéralement de m'étouffer avec mes spaghettis vongole quand elle annonce le montant.

Voilà ce qu'elle me dit : « Le problème, c'est que dans ce pays, tout ce qui est là-bas, c'est mort. Personne ne pourra jamais le récupérer. Le gouvernement fait de l'obstruction, les biens sont insaisissables sur place, c'est un État qui prend beaucoup de libertés avec les décisions de justice internationales. Mais ils ont du patrimoine planqué à l'étranger, et c'est là qu'on a besoin de toi. » Ce qu'elle veut concrètement : qu'on identifie les biens personnels du président à l'étranger, ainsi que ceux de ses proches, afin de les faire saisir administrativement, dans le but de récupérer ne serait-ce qu'une portion de la somme considérable qui lui est due.

Yuna m'explique qu'elle connaît personnellement tout l'entourage du pouvoir, ses habitudes, ses réseaux, ses méthodes, et qu'elle peut me transmettre des informations que personne d'autre ne possède.

« Sur la base des infos que j'ai, des gens forts en informatique peuvent identifier le patrimoine qu'ils ont planqué à l'étranger », me dit-elle en me regardant droit dans les yeux avec une intensité troublante.

Et là, elle sort la phrase magique qui va changer ma vie : « Tu veux combien ? »

Moi qui facture normalement 1 500 euros TTC en moyenne, parfois jusqu'à 45 000 euros sur mes plus gros dossiers, je me retrouve soudain face à quelqu'un qui me propose une avance très confortable, plus 1 % sur tout ce qu'on arrive à identifier et faire saisir concrètement.

Je fais un rapide calcul mental : 1 % sur une aussi grosse somme, ça peut représenter plus que le montant maximal que j'ai gagné sur mes plus gros dossiers.

« C'est facile, m'assure Yuna avec un sourire confiant. Ces mecs ne se cachent pas vraiment. Ils sont tellement habitués à l'impunité qu'ils ne prennent même pas de précautions. Ils donnent le patrimoine à leur femme, leurs enfants, leurs prête-noms, mais ils continuent à en profiter ouvertement. »

Ce que je n'avais pas encore dit, c'est que cette mission avec Yuna nous avait propulsés au cœur d'un contentieux tentaculaire. Une affaire d'État contre entreprise. L'avocat avec lequel on collaborait n'était pas n'importe qui. Il dirigeait les manœuvres juridiques dans ce dossier depuis des années déjà, traquant le patrimoine étatique planqué à l'étranger. Et nos découvertes – adresses, notaires, sociétés-écrans, comptes fiduciaires – devenaient ses munitions. Ce mec, c'est le Dieu absolu de la saisie de biens, un virtuose du droit international qui travaille exclusivement pour des clients ultrafortunés.

Ce gars-là, tu lui identifies un bien le matin, et, en 48 heures maximum, il fait en sorte qu'il y ait des mesures de saisies conservatoires et que leur exécution soit forcée. C'est de la mécanique de précision, huilée par des décennies d'expérience.

Le principe que Yuna et l'avocat m'expliquent est simple, mais redoutable : « C'est simple pour nous, c'est à partir du moment où on a les informations précises que c'est saisi et que t'es commissionné. » Pas de blabla, pas de paperasse administrative qui traîne pendant des mois. Dans le meilleur des cas : information fournie le matin, saisie effectuée le soir, commission versée dans la foulée.

J'ai rarement vu une machine aussi bien rodée pour transformer de l'information en argent liquide.

On établit rapidement les contrats, les accords de confidentialité qui vont bien – des documents de plusieurs dizaines de pages avec des clauses de non-divulgation à vie. Et là, je me rends compte de l'ampleur colossale du truc : ils me fournissent des informations absolument incroyables sur tout l'entourage du pouvoir de ce pays asiatique.

Yuna avait des dossiers complets sur les proches de l'ancien président, les Premiers ministres successifs, les ambassadeurs, les ministres clés. Un vrai service de renseignement privé avec des informations qu'aucun service officiel n'aurait osé me donner.

Yuna nous a aussi fourni directement des numéros de téléphone portable de certains membres du gouvernement. Ce qui m'a immédiatement frappé, c'est à quel point l'infrastructure cyber gouvernementale était complètement claquée au sol. Les sites Internet officiels qui appartiennent à ce pays sont de véritables passoires informatiques. Vraiment, n'importe qui voulant lancer une cyberattaque là-bas peut faire absolument ce qu'il veut.

En faisant de l'OSINT basique sur ces cibles, on a pu rapidement retrouver des mots de passe, puis s'infiltrer dans leurs comptes personnels. On a découvert des choses hallucinantes dont je ne peux malheureusement pas parler ici.

Pour identifier les comptes offshore, on a utilisé tous les moyens du bord. Coup de chance incroyable, l'ICIJ – le

Consortium international des journalistes d'investigation – tenait sur son site public la liste exhaustive de tous les comptes liés aux différents scandales des Paradise Papers, Panama Papers et autres fuites majeures. J'allais régulièrement récupérer sur ce site pour suivre les pistes les plus prometteuses. Il y avait des listes interactives… Le site listait toutes les bases de données et référençait tous les noms de sociétés offshore, avec les noms des dirigeants réels, qui possédaient des comptes dans les paradis fiscaux.

Il n'y avait pratiquement que des proches du président de ce pays qui détenaient des comptes là-bas. On avait fait des investigations préalables pour voir qui était susceptible d'avoir des biens à son nom ou au nom de sociétés-écrans. Sur l'ICIJ, on n'avait plus qu'à écrire les noms des sociétés ou des dirigeants, et quand tu appuyais sur « entrée », il y avait absolument tout ce qui était disponible. Merci les journalistes d'investigation !

On a aussi réalisé des coups absolument incroyables, en combinant hacking pur et ingénierie sociale sophistiquée pour obtenir la liste complète des biens immobiliers de la famille présidentielle.

Dans mes bases de données de mots de passe qui avaient fuité, j'ai retrouvé le sésame de la boîte e-mail personnelle du fils du président. Cette boîte e-mail, c'était une véritable mine d'or informationnelle : 70 ou 80 % des achats qu'il faisait transitaient par cette adresse. Que ce soit du mobilier de luxe, des véhicules hors de prix ou de l'immobilier. C'était son adresse personnelle ultraconfidentielle qu'il ne donnait à personne d'autre que ses prestataires de confiance.

En fouillant dans ses échanges, je me suis rendu compte qu'il travaillait souvent avec le même notaire en France pour ses acquisitions immobilières.

La prochaine étape technique s'appelle spoofing – c'est le nom qu'on donne à l'usurpation d'un numéro de téléphone ou d'un e-mail. Pour le spoofing téléphonique, ça passe dans des bots spécialisés disponibles sur Telegram. C'est payant, mais ridiculement accessible vu ce que cela permet. Tu donnes des crédits à un bot anonyme, tu lui fournis le numéro que tu veux faire apparaître à l'écran de ta cible, et le bot se charge du reste. L'appel est lancé à ta place, *via* une passerelle VoIP. Ton propre micro est connecté à l'appel en temps réel, ce qui te permet de parler directement à la personne visée, en apparaissant sous l'identité du numéro spoofé.

Concrètement, si vous connaissez le numéro de téléphone personnel d'un ministre, d'un notaire ou même – soyons fous – d'Emmanuel Macron, vous pouvez devenir Emmanuel Macron pour votre interlocuteur. L'écran du téléphone affichera son nom, son numéro et la plupart des victimes décrocheront sans se méfier. Le système est diaboliquement efficace. Le plus fou, c'est que ça marche. Et que c'est d'une efficacité redoutable. Aucun système d'authentification n'est prévu pour détecter ce genre d'usurpation à la volée. Tu deviens la personne que tu prétends être, le temps d'un appel.

On ne se fait pas passer pour le fils du président directement – ça aurait été trop risqué, trop exposé. On a visé plus fin : son intendant personnel, l'homme de l'ombre qui gérait les affaires domestiques de la famille. Celui dont la voix, pour le cercle rapproché, valait signature. Il y avait un numéro spécifique sur le dossier que possédait le notaire, le numéro officiel avec lequel tu entres en contact avec la famille présidentielle. Tout a commencé par un simple appel, en apparence anodin. Le temps qu'il décroche, qu'il parle un peu, qu'il donne deux ou trois instructions banales… et c'était suffisant. Grâce à ElevenLabs, on a besoin de quelques secondes seulement. À peine la conversation terminée, on disposait déjà d'un clone vocal parfaitement crédible. Sa voix, son intonation, son souffle : tout cela venait d'être cloné par nos soins. Mais la vraie prouesse, ça a été de connecter ce clone vocal à une interface en temps réel, capable de parler, répondre, s'adapter à l'interlocuteur. Avec ça, en plus du spoofing, on tenait un cocktail absolument imparable. Numéro d'origine : check. Voix identique à celle de l'intendant : check. Script conversationnel piloté à distance : check.

L'objectif était simple : je voulais simplement que ce notaire parisien croie dur comme fer qu'il parlait au représentant officiel de la famille présidentielle. Et non seulement il l'a cru, mais il nous a déroulé le tapis rouge.

Grâce à ce coup de fil initial, et aux communications qu'on a eues par la suite – parce qu'on a évidemment récupéré ses correspondances par e-mail grâce au spoofing –, on a pu identifier une dizaine de biens immobiliers qui avaient transité par ce notaire spécifique. Des appartements haussmanniens, des immeubles commerciaux, tous soigneusement dissimulés derrière des sociétés-écrans, mais désormais exposés.

On ne s'en rend pas compte, mais cette famille possède énormément de patrimoine en France et en Europe, elle a de l'immobilier un peu partout sur le continent. Il y a très probablement trois notaires en France qui gèrent ce parc immobilier constitué de nombreux biens, lesquels appartiennent officiellement à ce pays, mais sont en réalité enregistrés sous le nom de différents proches du président.

Et ça, c'est seulement la partie émergée de l'iceberg, parce que c'est uniquement ce qu'il y a en Europe. Le patrimoine total doit être absolument colossal.

L'un des meilleurs coups qu'on ait réalisés, c'était l'identification d'un jet privé stationné en permanence à Heathrow. En faisant des recherches approfondies dans la boîte e-mail du fils du président, je tombais régulièrement sur des e-mails qui faisaient référence à un avion. « L'avion est-il disponible ? » « Préparez-nous l'avion s'il vous plaît ! » Avec mes employés, on se disait : « Mais prends ton billet d'avion comme tout le monde ! » On pensait qu'il s'agissait d'un jet affrété ponctuellement, comme le font parfois les gros clients. Mais à force de voir le même expéditeur, la même signature, et surtout le ton très direct des demandes, on a fini par comprendre qu'il ne réservait pas un avion… Il gérait le sien.

On comprend que la famille dispose effectivement d'un avion privé stationné en permanence à Heathrow, et qu'elle a passé un contrat avec une conciergerie de luxe ultraspécialisée qui gère absolument tout : les déplacements de l'avion, le pilote, l'approvisionnement en carburant, la maintenance, les autorisations de vol, et tout le reste. Et sans ces e-mails anodins, on ne l'aurait probablement jamais su. Cet avion était partagé entre plusieurs membres de la famille, selon leurs besoins.

On se renseigne donc sur le directeur de cette société de conciergerie privée. On apprend rapidement que pour pouvoir faire gérer un avion par une société de ce type, il faut légalement prouver que vous en êtes le propriétaire légitime. On se dit alors qu'il va falloir récupérer cette preuve de propriété.

Cette fois-ci, on fait du spoofing, mais *via* l'adresse e-mail du fils du président. On met des redirections automatiques sur les e-mails qu'il reçoit, donc tout ce qui vient de cette société est automatiquement redirigé vers un e-mail qu'on crée chez nous. Surtout, on met en place une veille technique pour que chaque e-mail qu'il reçoit de la part du fils soit redirigé vers nous et supprimé automatiquement de sa boîte e-mail. Invisible, propre, silencieux.

En une poignée d'e-mails envoyés au directeur de la conciergerie, on reconstitue toute la relation entre la famille présidentielle et la société aérienne. Vols privés, maintenances, plannings, options de catering… Tout y est. Puis on envoie l'e-mail le plus anodin du monde : « Juste pour confirmation, vous avez bien reçu la facture d'achat de l'appareil ? »

Ce à quoi le gars répond sans hésiter : « Oui, bien sûr », et met en pièce jointe le *certificate of registration* délivré par la BCAA (l'équivalent de la carte grise, mais pour les avions). Le document officiel prouvant la propriété, au nom de la société-écran contrôlée directement par la famille présidentielle.

Je fournis l'information un mardi matin, et le mercredi matin, l'avion est saisi par les huissiers directement sur le tarmac. D'un coup, on vient de prendre plus de 200 000 euros de commission sur cette seule opération. Je me dis « putain, ça commence très bien. Ce client va nourrir nos enfants… et probablement leurs enfants aussi ».

Fort de ce premier succès spectaculaire, on se dit « quelle stratégie adopter ? C'est quand même les meilleurs clients du monde, on a une occasion unique ». On décide de prendre une semaine complète, avec absolument tous mes enquêteurs mobilisés dessus, et on identifie systématiquement tout ce qu'on peut identifier.

Le premier truc qu'on a identifié après l'avion, c'étaient des appartements de luxe à Paris. En 48 heures, ils étaient totalement gelés par décision de justice, et sous deux mois, ils revenaient entre les mains légales de nos clients *via* les enchères publiques. Appartements dans les beaux quartiers, bâtiments de commerce, voitures de luxe, comptes en fiducie, sociétés… Le patrimoine planqué était absolument colossal.

Mes techniques d'investigation numérique font littéralement des merveilles sur ce type de cible. Ces gens-là ne sont pas des hackers anonymes sophistiqués qui se planquent derrière 10 VPN et des systèmes de cryptage. Ce sont des politiques corrompus qui veulent surtout jouir de leur argent sale, donc ils laissent des traces partout.

Un compte ici, un achat là, une société-écran ailleurs... Avec les bonnes bases de données et un peu de recoupement méthodique, on reconstitue facilement tout le puzzle.

Finalement, après plusieurs semaines d'investigation intensive, on identifie pour plusieurs millions d'euros de patrimoine. Plusieurs. Millions. En plus des appartements et des hôtels particuliers, il y avait des comptes offshore dans tous les paradis fiscaux, des œuvres d'art, des voitures de collection, des yachts... Un inventaire à la Prévert qui me fait découvrir un monde bien éloigné du mien.

Et certaines pistes qu'on a données ont ensuite permis aux avocats d'identifier encore plus de biens, donc ça nous a aussi été attribué dans le calcul des commissions.

Yuna et son père étaient plus que satisfaits de nos résultats, et en poursuivant un peu sur nos pistes initiales, ils ont dû rentrer très largement dans leurs frais et récupérer une partie substantielle de ce qui leur était légalement dû.

Pour moi, c'était la consécration absolue. Le gamin de Ris-Orangis qui arnaquait des places de concert venait de réaliser une saisie de biens privée lunaire. J'avais l'impression d'être dans un rêve.

Mais cette affaire m'a aussi ouvert les yeux sur certains dangers que je n'avais pas anticipés. J'ai pris un port d'arme, après ça. Tu n'es pas serein quand tu touches à ce niveau-là, tu te dis « si un jour quelqu'un cherche à me faire quelque chose, il faut que je sois préparé ».

Ce qui a déclenché cette décision, c'est une discussion avec Yuna : elle m'a expliqué les moyens employés dans ce pays contre les opposants, qui m'ont fait froid dans le dos.

Je me suis dit qu'ayant identifié et fait saisir leur patrimoine pour des centaines de millions, j'étais potentiellement devenu une cible. Il fallait être prêt à se défendre.

Cette affaire a un peu changé ma vision du monde et de la géopolitique internationale. J'ai compris qu'on n'était tous que des êtres humains ordinaires, qu'on avait tous les mêmes problèmes fondamentaux, qu'on soit tout en bas de l'échelle sociale ou au sommet du pouvoir.

Et qu'on est tous faibles exactement de la même manière : meurtres, argent sale, corruption, trahisons... ce sont que des choses de bas étage qui sont faites à très haut niveau institutionnel. On est dans un monde complètement gangrené par les intérêts personnels avant tout, même aux plus hauts sommets de l'État.

J'ai aussi pris conscience d'un danger que peu de gens mesurent : avec les fuites de données massives, n'importe qui peut, à partir d'un simple e-mail ou d'un numéro de téléphone, parvenir à vider le compte bancaire de n'importe qui d'autre. Et ça, quand ça arrive à des gens comme nous, l'État ne s'en soucie pas trop, mais quand ça arrive à des personnalités de premier plan, ça peut déstabiliser un pays.

On ne parle pas assez du danger colossal que ça implique pour la sécurité nationale. Si demain ça arrive à un chef d'État, ou à sa famille comme j'en ai été bien plus que le témoin, et qu'il se fait manipuler par des puissances étrangères, c'est absolument gravissime pour la stabilité géopolitique.

9.

Une arnaque sportive de haut niveau

C'est le moment de vous raconter « l'affaire X », ou comment un champion a failli subir ce qu'on a baptisé entre nous un « viol par ruse ». La seule délicatesse dans cette histoire complètement barrée, c'est que ce grand sportif est marié, et ce détail non seulement a son importance pour la suite de l'anecdote, mais explique aussi pourquoi j'ai décidé de ne pas révéler son nom.

Tout commence lors de vacances en Espagne avec mes cousins. Le genre de vacances de luxe qu'on s'offre quand on a tiré le gros lot et qu'on veut le faire savoir au monde entier. J'étais au *Majestic Hotel*, à Barcelone, *le* palace de la ville, dans une suite au dernier étage, stratégiquement située juste derrière le « H » géant lumineux du nom de l'établissement, et directement au-dessus de la boutique Chanel, sur le prestigieux Passeig de Gràcia.

Ma suite, c'était du grand art : terrasse privée, escaliers en marbre, tables et chaises design qu'on aurait dites sorties d'un magazine de déco, vue imprenable sur toute la ville, piscine privée. Le grand jeu, quoi. J'avais invité tous mes cousins – on est sept cousins et cousines dans la famille, tous de Ris-Orangis – et je jouais au boss généreux qui assume sa réussite. Après toutes les galères qu'on avait traversées ensemble, c'était ma façon de leur dire merci et de partager un peu.

L'ambiance était détendue, on rigolait tout le temps, comme dans les réunions de famille chez ma grand-mère ou chez mes tantes. Sauf que là, au lieu d'être dans un deux-pièces à Ris, on était dans une suite à 1 500 euros la nuit.

Mais même en vacances, je travaille. H24, non-stop. Mon téléphone, c'est comme un membre supplémentaire de mon corps, une extension de mon système nerveux. Impossible de décrocher du taf, même dans un palace barcelonais. Les opportunités n'attendent pas, et à cette époque, après ma première apparition sur *Legend*, les demandes affluaient de partout, j'étais littéralement harcelé jour et nuit par des victimes d'escroqueries intéressées par mes services.

Ce soir-là, on descend dans un restaurant de Barcelone, le *Steakhouse*. Un endroit où il y a de la viande halal, et surtout de la très, très bonne viande. Tout le monde se fait plaisir avec du *wagyu*, en mode célébration totale. Mes cousins sont ravis, l'ambiance est au top.

Il est assez tard quand mon téléphone vibre. Numéro inconnu. D'habitude, à cette heure-là, je ne réponds pas, mais quelque chose me dit de décrocher.

« Je suis quelqu'un de connu, tu peux m'aider ? » me lance une voix masculine à l'autre bout du fil, directe, sans préambule.

Forcément, ça m'intéresse, mais là, en plein dîner familial, avec mes cousins qui me regardent…

« Écoute, il est 22 h 30, c'est un peu tard, là. On peut s'appeler demain ? je lui réponds, à moitié agacé d'être dérangé devant ce bœuf qui avait l'air délicieux.

Il insiste en me disant :

– Je suis connu, s'il te plaît, j'ai besoin de toi maintenant.

Ce à quoi je lui réponds :

– Moi aussi je suis connu, mais je suis au restaurant. Même si je le voulais, je n'ai pas mon ordinateur sous les yeux, et puis il est quand même 22 h 30. »

Sans même attendre sa réponse, je lui raccroche au nez. Mes cousins me regardent avec des sourires en coin, habitués à mes manières parfois abruptes. Par message, je prends quand même la peine de préciser :

« Je ne suis pas seul, je suis occupé, je vous rappelle dès que je peux.

Mais le mec n'abandonne pas. Il insiste, insiste encore. Et là, il prononce les mots magiques :

– Je te paie ce que tu veux. »

Immédiatement, mon cerveau repasse en mode business. « OK, ce mec mérite toute mon attention... En plus, il dit qu'il est connu. » Dans ma tête, les chiffres commencent déjà à danser. Qui peut se permettre de dire « je te paie ce que tu veux » à 23 heures, un soir de semaine ?

Je m'excuse auprès de mes cousins – « Les gars, désolé, ça a l'air sérieux » – et je discute avec lui. Mon intention initiale ? Lui facturer 10 000 euros cash, histoire de rembourser ces vacances de luxe d'un coup. Je me dis que quelqu'un qui appelle à cette heure en disant « je paie ce que tu veux », c'est quelqu'un qui a les moyens et l'urgence. Les deux ingrédients d'une belle facture.

Franchement, je pourrais raconter cette histoire dans 10 ans que j'en rigolerais encore.

« Bon, allez, expliquez-moi votre problème. »

Je prends l'appel sérieusement. Le sportif se présente enfin correctement. À ce moment-là, je ne sais même pas qui c'est vraiment. Un de mes cousins, qui nous écoutait de loin, me glisse discrètement à l'oreille qu'il est très connu. OK, noté. On ne parle pas du premier venu.

« Marwan, j'ai vraiment besoin de toi, me dit-il, et dans sa voix, j'entends une tension qui ne trompe pas. Il se passe un truc de fou. J'ai entamé une relation sur Instagram avec une fille que je devais rencontrer. »

Dès le départ, il me précise qu'il était avec un pote à lui, un autre mec connu dont il ne me donne volontairement pas le nom. Et surtout, détail crucial, que tout cela se passait dans le dos de sa femme.

« J'ai pas envie que ça se sache, faut absolument pas que ça se sache, insiste-t-il avec une urgence dans la voix qui commence à éveiller toute l'empathie dont je peux faire preuve envers les victimes que j'aide.

– OK, je vais faire mon maximum pour toi, mais je suis pas Dieu, je lui réponds en restant réaliste. Je peux pas empêcher quelqu'un de le dire à ta femme s'il le veut vraiment. Mais raconte-moi d'abord ce qui t'arrive. »

Et là, il me déroule son histoire en détail. Plus il parle, plus je me dis qu'on tient un scénario digne d'un épisode de *Black Mirror* et que même gratuitement j'aurais accepté volontiers de l'aider. Voilà comment il me présente les choses, dans l'ordre chronologique :

« Je me suis fait approcher par une fan sur Instagram, on entame un flirt virtuel, je lui envoie des photos intimes, elle aussi… Le truc classique, quoi. On devait se rencontrer pour, tu vois… Je voulais faire mon affaire, elle aussi, c'était clair entre nous. Sauf que quand j'arrive dans le hall principal de l'hôtel qu'on avait réservé à Paris, surprise : je tombe sur un petit gros à lunettes qui me dit tranquillement : "Salut, je suis un ami de la fille, elle arrive dans pas longtemps." »

Il marque une pause, comme si revivre cette scène lui était encore pénible.

« Je parle avec ce gars, il a l'air sympa, il est fan de moi, me dit qu'il s'appelle Aart, qu'il vient de Hollande, et que son amie lui a fait une surprise en lui disant qu'il pourrait me rencontrer aussi. Sur le moment, je me dis "OK, c'est un peu bizarre, mais pourquoi pas ?". Je kiffe pas du tout cette info, je suis dégoûté de cette situation inattendue, mais bon... Je me dis que je vais coucher avec la fille et me barrer rapidement. »

L'histoire devient de plus en plus étrange.

« Sauf que je parle 10 minutes avec ce gars, puis 20 minutes, puis une demi-heure... Et pendant tout ce temps-là, la fille me met des prétextes par messages : "J'arrive dans 10 minutes", puis "Je suis en retard, excuse-moi", puis "Un problème de transport". Au bout d'une heure complète à attendre comme un con avec ce type hollandais, je finis par rentrer chez moi, dépité. »

Et ce n'est pas fini. Il poursuit son récit, et ça devient vraiment tordu :

« La fille finit par m'envoyer une photo plus tard dans la soirée, vers minuit, en me demandant : "Mais t'es où ? J'étais prête !" Avec une photo d'elle en tenue sexy et tout. Je me dis alors que j'ai merdé, que je lui ai involontairement posé un lapin, que j'ai peut-être été trop impatient. »

Une semaine passe. L'histoire aurait pu s'arrêter là, mais non.

« Une semaine après, je pars en déplacement pour un événement sportif officiel. Un truc important pour ma carrière. J'y vais avec ma femme, mon ami connu que je t'ai mentionné et son épouse aussi. Du beau monde, quoi. On loge dans un hôtel sympa, l'ambiance est détendue.

Le matin, je décide d'aller courir dans un petit bois à côté de l'hôtel pour m'entraîner, garder la forme. C'est ma routine. Et là, le truc de malade ? Je reçois un message sur Instagram de la fameuse fan. Dedans : une photo de moi en train de courir, prise en temps réel, là, maintenant, dans ce bois perdu du sud de la France ! »

Au téléphone, je sens qu'il revit la panique de ce moment-là.

« Je suis en flip total, tu comprends ? Comment elle peut savoir où je suis ? Comment elle peut me prendre en photo à cet instant précis ? J'ai l'impression d'être suivi. Puis elle m'envoie un deuxième message qui me glace le sang : "C'est simple, écoute bien : tu te rappelles Aart ? Bah, tu vas coucher avec Aart aujourd'hui, sinon je vais te dénoncer à ta femme et envoyer toutes les captures d'écran de nos conversations intimes." »

À ce moment-là de son récit, je comprends qu'on a affaire à quelque chose de sérieux. Ce n'est plus juste une aventure extraconjugale qui tourne mal, c'est du chantage pur et dur avec une dimension de harcèlement qui dépasse l'entendement.

« Marwan, je te jure, j'étais en panique totale, me dit-il, et j'avais bien compris que la situation était urgentissime à ses yeux. Je participe à mon événement sportif comme un automate, l'esprit complètement ailleurs. Heureusement que j'ai l'habitude de la compétition, parce que sinon j'aurais foiré lamentablement. Je ne pense qu'à ça.

Je retourne courir dans l'après-midi, et rebelote : je reçois une nouvelle photo de moi dans ce même bois, avec un message : "N'oublie pas que c'est ce soir ou jamais." J'ai vraiment l'impression d'être suivi partout, comme dans un film d'horreur. Je regarde autour de moi, je ne vois personne, mais quelqu'un me surveille forcément.

Et le compte Instagram continue à me mettre la pression toute la journée : "Faut que tu couches avec Aart ce soir, sinon ta femme va apprendre que tu la trompes, et tous tes sponsors aussi." Et là, je commence vraiment à péter les plombs. »

Pendant qu'il me raconte tout cela, installé sur ma terrasse barcelonaise avec la ville qui scintille en arrière-plan, je commence déjà à analyser la situation. On règle rapidement les détails de ma facturation : je décide d'être sympa et de ne pas lui facturer 10 000 euros pour quelques minutes de boulot, car je sais déjà exactement comment régler cette histoire. Coût de l'opération pour lui : 1 500 euros.

« Dis-moi, le gars veut coucher avec toi, c'est ça ? » je lui demande pour confirmer ce que je soupçonne déjà, même si la réponse me paraît évidente.

Il est tellement désespéré, tellement au bout du rouleau qu'il me sort, avec une résignation dans la voix :

« Écoute Marwan, vas-y, s'il le faut je vais coucher avec ce gars... Je préfère ça plutôt que ma femme apprenne tout.

Son ami qui l'accompagne depuis le début lui lâche même, sur le ton de la blague, mais pas vraiment :

– Au pire, vas-y, ça va juste être un mauvais moment à passer. »

Cette phrase me fait exploser de rire. Franchement, c'était plus fort que moi. Mais une fois le rire passé, un autre sentiment a pris le dessus. J'ai levé les yeux, j'ai regardé la ville en contrebas, et j'ai réalisé la charge émotionnelle derrière sa phrase. Ce mec-là, au sommet de sa carrière et adulé, il était à genoux, totalement vulnérable. Et il s'en remettait à moi. Pas à son entourage, pas à son staff, pas à ses avocats. À moi. À ce moment-là, mon regard a changé. Ce n'était pas juste une histoire drôle, c'était un vrai appel à l'aide. Et je me suis calmé. Je me suis recentré. J'ai compris qu'il fallait que je le sorte de ce piège, proprement, rapidement et sans bavures.

C'est là que je rentre en mode « enquêteur professionnel ». Pendant que mon client continue à paniquer au téléphone, je sors mon MacBook et je commence mes vérifications techniques. À l'époque, j'utilisais principalement deux outils, Search.0t.rocks et Search.Illicit, des programmes qui permettent de voir les comptes gérés par la même personne sur différentes plateformes.

Le principe est simple, mais terriblement efficace : en gros, avec ça, j'ai pu voir que le compte de la nana était géré par le fameux Aart. Tu entres le nom du compte

Instagram suspect, et ça te sort tous les comptes Instagram, Telegram, Twitter ou autres, connexes, gérés par cette même personne ou depuis la même adresse IP.

« Donne-moi le nom exact du compte Instagram de la fille », je lui demande en tapant déjà sur mon clavier.

En quelques minutes de recherche, je vois que le compte Instagram en question a été créé récemment et qu'il est techniquement relié à un autre compte, celui d'un mec qui s'appelle justement… Aart. Bingo ! La boucle est bouclée.

Le problème, c'est que ce n'était pas exploitable légalement, car c'était de l'exploitation d'informations issues d'une fuite de données. Donc je dis à mon client, en pesant mes mots :

« Écoute, je te jure que c'est lui. Je ne peux pas te donner les détails techniques de comment je le sais, mais fais-moi confiance sur ce coup-là. »

Il allait devoir agir par la suite en s'appuyant sur ma seule parole. Une fois le diagnostic posé, je lui expose mon plan d'action. Un plan qui, je l'avoue, était assez risqué juridiquement, mais qui me semblait être la seule solution efficace vu l'urgence de la situation :

« Écoute, voilà ce qu'on va faire. Tu vas accepter le rendez-vous avec ce Aart. Tu fais semblant d'accepter de coucher avec lui. Il va vouloir un câlin, ou je sais pas quoi d'intime, sauf que toi, au moment crucial, tu vas en profiter pour l'immobiliser physiquement. Et pendant ce temps-là, ton ami prend son téléphone portable. Vous vérifiez si c'est bien lui qui détient le compte Instagram de la fille, et vous supprimez tous les messages compromettants, puis vous lui dites que vous allez porter plainte pour chantage, usurpation d'identité et abus de confiance.

Au début, il ne croit pas du tout à mon analyse :

– C'est pas possible que ce soit lui, Marwan. C'est impossible. Je l'ai vu en vrai, ce gars, il me paraissait tout timide, tout gentil. Il avait vraiment l'air d'un fan innocent qui voulait juste me rencontrer.

– Je te jure que c'est lui. C'est un plan classique dans le milieu des prédateurs : il a créé un faux profil de meuf avec des photos volées sur Internet, il t'a appâté avec des *nudes* et des promesses de sexe, et maintenant il te fait chanter pour coucher pour de vrai avec toi. Le gars a fait le voyage depuis la Hollande spécialement pour ça ! »

Pour éviter qu'ils puissent avoir des ennuis juridiques par la suite, j'insiste lourdement sur les précautions à prendre :

« Mais attention les gars : vous ne mettez aucun coup, vous ne cassez pas son téléphone, vous ne faites que discuter fermement avec lui. » J'avais encore en tête une affaire, quelques mois plus tôt, où un client s'était fait voler un acompte de 50 000 euros pour une Porsche. Il s'est fait justice lui-même en tabassant l'escroc, et finalement, c'est lui qui s'est retrouvé à devoir payer des indemnités.

Le sportif et son pote se montent le bourrichon pendant une heure, se préparent psychologiquement, et finissent par donner rendez-vous à Aart à 1 heure du matin. Ils choisissent un endroit un peu caché dans un bois près de leur hôtel, officiellement pour « parler tranquillement », mais en réalité pour pouvoir récupérer le téléphone et immobiliser le gars si nécessaire.

Pendant ce temps-là, moi je reste en ligne avec eux, depuis ma terrasse barcelonaise, pour coordonner l'opération.

La scène qui suit, telle qu'ils me l'ont racontée, est digne d'un film d'action de série B : le sportif immobilise le gars d'un mouvement rapide (ses réflexes de sportif de haut niveau ont servi), son pote prend le téléphone du suspect, et suivent tant bien que mal les instructions que je leur donne au téléphone afin de pouvoir vérifier si Aart est bel et bien le détenteur du compte de la fille avec qui mon client échangeait.

Il ne répond pas du tout avec des mots cohérents au début, et quand ils commencent à l'immobiliser, il pense qu'il se fait agresser. Il se débat en criant avec son accent hollandais : « Au zegouuuuuuuur, à l'aite », mais une fois qu'ils attrapent son téléphone et qu'ils fouillent dedans, ils lui disent :

« Tu te fous de la gueule du monde ? Tu me fais du chantage avec ma femme ? Tu es venu de Hollande pour ça ? »

Physiquement, Aart correspond exactement au profil type du prédateur discret : la vingtaine, pas très grand, très rond, avec une calvitie précoce et des grosses lunettes et des cicatrices de boutons plein le visage. De ce que mon client m'a dit, lorsqu'il l'a vu la première fois dans cet hôtel parisien, à aucun moment il n'aurait imaginé que ce type gentil et timide pouvait être un manipulateur de cette envergure.

Ce qui est le plus rigolo dans cette histoire, c'est l'imitation que le sportif en a faite après, pendant notre débriefing. Aart est apparemment devenu tout pâle quand ils l'ont confronté, et il répétait, avec son accent hollandais, mais en français :

« Je suis désolé, Monsieur [prénom], je suis désolé, Monsieur [prénom]... »

Ils me rappellent après l'opération, en panique totale, mais soulagés d'avoir confirmé mes soupçons. Et là, je leur donne les instructions techniques cruciales pour effacer toutes les preuves :

« OK les gars, maintenant écoutez-moi bien. Vous prenez son téléphone, et vous allez sur Instagram. Vous supprimez les messages un par un, vous supprimez tout : les conversations, les photos qu'il a envoyées avec le faux profil, les impressions d'écran qu'il a prises de vos échanges. Et surtout, vous allez bien dans l'onglet "récemment supprimé" sur l'application de photos pour finir le ménage, parce que sinon ça reste stocké pendant 30 jours. »

Donc ils effacent tout méthodiquement : les échanges de *nudes*, les captures d'écran que le gars avait enregistrées pour faire pression, toutes les conversations compromettantes. Tout disparaît dans le néant numérique, comme si rien ne s'était jamais passé.

Quand ils rentrent à leur hôtel, vers 2 heures du matin, on se fait un appel à trois pour débriefer et décompresser après cette soirée complètement dingue. C'est là, pendant cette conversation de détente, qu'on consacre définitivement le terme de « viol par ruse », qui restera dans mon dictionnaire personnel et que je réutiliserai par la suite pour d'autres affaires similaires.

« Mon gars, on peut dire que tu as failli te faire violer par ruse par un fan obsessionnel venu de Hollande spécialement pour ça », je lui dis en riant.

Et c'est là que se produit la cerise sur le gâteau de cette soirée : mon client se remet à imiter l'accent hollandais d'Aart pendant notre débriefing. C'était à mourir de rire, maintenant que toute l'adrénaline était retombée et qu'on pouvait enfin se détendre.

On s'est marrés comme jamais, tous les trois au téléphone. Moi depuis ma terrasse barcelonaise, eux depuis leur chambre d'hôtel dans le Sud. L'absurdité totale de la situation nous rattrapait, et le soulagement de s'en être sortis sans casse nous rendait euphoriques. Finalement, c'est probablement la plus belle ligne que je pourrai mettre sur mon CV : « A empêché un champion de se faire violer par ruse par un fan hollandais obsessionnel. » Et tout cela pour 1 500 euros seulement. Honnêtement, j'aurais presque pu le faire gratuitement, juste pour l'anecdote et le côté inédit de l'affaire.

Après cette affaire, j'ai eu pas mal de demandes de joueurs de foot, d'autres sportifs et d'artistes qui se retrouvaient dans des situations similaires. Je n'ai jamais su si ça venait directement de ce champion, qui m'avait recommandé, mais c'est fort probable. Parfois, la réalité dépasse vraiment la fiction. Les prédateurs deviennent de plus en plus créatifs dans leurs méthodes. Heureusement, nous aussi, on s'adapte.

10.

Quand les stars se font aussi avoir

Un soir, j'étais simplement en train d'expérimenter mes nouvelles compétences quand je suis tombé sur une story Instagram qui finira par me donner une bonne idée. À cette époque, je sortais tout juste de ma phase « dépression post-Asmaa », cette période sombre où j'avais appris le hacking par nécessité personnelle, passant mes journées à traîner sur des forums douteux entre deux joints sur le parking du stade Émile-Gagneux à Ris-Orangis.

C'était une période de transition bizarre pour moi. D'un côté, j'avais développé des compétences techniques impressionnantes – j'avais découvert Python et l'OSINT, maîtrisé les bases de données et les outils de recherche.

De l'autre, je n'avais encore jamais testé tout cela sur du concret, sur de vraies affaires. Mes compétences ? Fraîchement acquises et encore jamais validées dans le monde réel. Mon état d'esprit ? Plutôt désabusé, oscillant entre la curiosité technique et l'envie profonde de prouver que je valais quelque chose.

Bref, ce soir-là, je scrollais sur Instagram dans le salon-chambre chez ma mère, dans cette ambiance un peu déprimante qui était devenue mon quotidien, quand je tombe sur une story d'un acteur français connu internationalement, un mec que je respecte énormément.

Son message était un appel au secours désespéré : des personnes usurpaient son identité sur Internet et il ne savait pas quoi faire. Le mec était visiblement au bout du rouleau, et quand j'ai creusé pour voir de quoi il parlait exactement, j'ai découvert l'ampleur du désastre.

Des pages Facebook avec sa photo officielle, ses informations biographiques, des mecs qui négociaient des cachets dans le cinéma en se faisant passer pour lui, d'autres qui draguaient des nanas en utilisant son identité et sa notoriété. Une imposture s'était créée autour de son absence volontaire des réseaux sociaux. L'acteur avait décidé de quitter Facebook, et pendant ce temps-là, des parasites s'étaient emparés de son identité numérique.

Pour moi, c'était comme un défi technique qui tombait du ciel au moment parfait. Je me dis « allez, on va voir ce qu'on sait faire. C'est l'occasion de tester mes compétences sur un vrai cas ».

Mon plan était simple en théorie, mais demandait une exécution parfaite : je décide de me faire passer pour une fan pour appâter l'imposteur, puis lui tendre un piège informatique sophistiqué.

La première étape consistait à créer un personnage crédible. Je crée donc un faux profil de femme sur Facebook, en utilisant une photo d'un modèle de charme que j'avais trouvée sur Google Images après une recherche minutieuse. Pas n'importe quelle photo : il fallait que ce soit quelqu'un de suffisamment joli pour attirer l'attention, mais pas trop connu pour éviter que l'imposteur reconnaisse le visage ou flaire l'opportunité trop belle pour être vraie.

J'ai passé des heures à peaufiner ce personnage virtuel, créant une personnalité crédible avec des goûts cohérents et une histoire personnelle vraisemblable. Quelques photos dans différents contextes, des posts sur la musique et le cinéma – avec bien sûr des références à l'acteur et ses films –, des interactions avec d'autres profils pour donner l'impression d'une vraie vie sociale. C'était ma première vraie mise en pratique de l'ingénierie sociale à grande échelle, et je voulais que ce soit absolument parfait.

Une fois mon avatar prêt, je contacte la page Facebook frauduleuse avec mon meilleur jeu d'actrice virtuelle : « Salut [nom de l'acteur] ! Je suis une grande admiratrice depuis [nom du film], j'aimerais trop te rencontrer... » Je joue la carte de la fan un peu timide, mais déterminée, celle qui a enfin trouvé le courage de contacter son idole.

Le gars mord à l'hameçon immédiatement. Ça m'a même surpris de voir à quel point c'était facile. Il me répond de plus en plus vite, je sens qu'il est en mode drague totale, probablement habitué à ce que son statut d'acteur (même usurpé) lui ouvre des portes avec les femmes. Je joue le jeu, je lui fais miroiter une rencontre, une petite aventure romantique... Et là, je sors ma botte secrète technique.

À l'époque, je venais tout juste de découvrir les RAT sur les forums de hacking que je fréquentais. Ces petits programmes qui, une fois exécutés sur l'ordinateur de ta cible, te donnent un accès complet à sa session active. C'était la première fois que j'en utilisais un dans une vraie opération, j'avais déjà testé le concept en labo, en local, mais là c'était une vraie cible, une vraie infiltration. Et j'avoue que j'avais la pression. Mon cœur battait à 100 à l'heure quand j'ai préparé le piège.

Le principe du RAT (*Remote Access Trojan*) est relativement simple à comprendre, mais complexe à mettre en œuvre. Tu crées un lien piégé qui, quand la cible clique dessus, installe discrètement un petit programme espion sur son ordinateur. Ce programme fonctionne ensuite comme une porte dérobée numérique qui, une fois installée, te permet de prendre le contrôle total de la machine à distance : tu peux voir l'écran en temps réel, naviguer dans les dossiers, capturer les frappes clavier, récupérer les mots de passe, activer la webcam ou le micro... bref, tu deviens un fantôme logé dans la machine de ta cible. Le plus dur, ce n'est pas le RAT en lui-même (il en existe des dizaines en open source qu'on peut modifier), c'est de le faire installer volontairement par la victime. Et, pour ça, il faut une couverture crédible, un appât bien pensé.

Je lui envoie donc un lien vers mon RAT, soigneusement déguisé en lien vers des « photos privées » que je voulais partager avec lui. Le genre de proposition qu'un imposteur qui drague à tour de bras ne peut pas refuser. « J'ai quelques photos un peu spéciales que j'aimerais te montrer, mais c'est privé, clique ici pour les voir, mais attention ne screen rien je te fais confiance... »

Le mec clique dessus – évidemment, ils cliquent tous – et bingo ! Je vois qu'il se connecte sur mon interface de contrôle à distance. Mon écran affiche sa session en temps réel, c'est magique et terrifiant à la fois. Mon cœur bat encore plus fort : ça marche ! J'avais l'impression d'être dans un film de hackers, de voir en temps réel ma cible tomber dans mon piège numérique.

Une fois dans sa session, je récupère ses cookies – ces petits fichiers qui gardent en mémoire ses connexions automatiques à différents sites. Et dedans, c'est le jackpot absolu : tous ses mots de passe Facebook, ses sessions actives sur différents comptes, tout le nécessaire pour prendre le contrôle complet de son petit empire numérique.

Je rentre donc sur sa page Facebook principale, et là je découvre l'ampleur du business que ce type avait monté. En fouillant dans ses conversations privées, je découvre qu'il avait des échanges suivis avec des productrices de cinéma qui lui proposaient des rôles, et lui négociait tranquillement des cachets en se faisant passer pour l'acteur.

Il y avait aussi tout un pan « drague » avec des nanas qui lui envoyaient des photos dénudées, persuadées de correspondre avec la vraie star.

Je supprime tout méthodiquement. Les photos de l'acteur, les posts qui construisaient la crédibilité des comptes, toutes les conversations compromettantes. Je change ses mots de passe un par un, son adresse e-mail de contact principal, je lui ferme l'accès à tout ce qu'il avait patiemment créé. En gros, je lui détruis son petit business en quelques minutes de travail intensif.

Mais avant de tout effacer, je prends soin de capturer des preuves. Des captures d'écran de tout. Cette phase de documentation était cruciale. Je voulais pouvoir prouver à l'acteur l'ampleur de ce qui se faisait en son nom, lui montrer concrètement les dégâts que causait cette usurpation d'identité.

Une fois le nettoyage terminé et les preuves rassemblées, j'envoie le tout à l'acteur avec un petit mot professionnel : « Voilà, c'est réglé. Voici les preuves de ce que faisait ce gars en votre nom. Les comptes frauduleux sont neutralisés. »

Sa réponse ? Un émoji main de prière et un cœur. C'est tout. Rien d'autre.

Je me suis dit sur le moment « ah ouais, il aurait pu prendre un peu plus de temps pour me remercier, quand même » ! Bon, pour être honnête, je l'avais fait sans qu'il me le demande directement, je ne l'avais pas contacté avant de commencer l'opération. J'avais pris l'affaire comme un challenge personnel en voyant sa story désespérée.

Je me disais naïvement que peut-être il me ferait un peu de publicité, qu'il parlerait de moi dans son cercle. Mais même pas ! Au moins, quand il a posté ma solution en story, il y avait mon prénom, mais il ne m'a pas identifié directement sur le post.

Mais peu importe la reconnaissance limitée, l'important c'est que ça marchait. Et ça m'a mis la puce à l'oreille sur quelque chose d'important : je pouvais peut-être devenir utile aux célébrités, qui n'ont souvent personne vers qui se tourner dans ce genre de cas spécifiques. Les forces de l'ordre classiques ne sont pas forcément équipées pour traiter rapidement ce type de problèmes numériques, et les célébrités ont besoin de solutions rapides et discrètes.

Avec le temps, cette intuition s'est complètement vérifiée. Le milieu des célébrités est devenu un créneau porteur.

Autre détail que je ne vous ai pas encore donné, et qui va avoir son importance fondamentale pour la suite : sur les forums où j'avais développé mes compétences techniques, j'avais aussi rencontré des gens qui bossaient dans des endroits stratégiques. Des mecs dans diverses entreprises stratégiques ou administrations… Des contacts précieux qui, moyennant rémunération, pouvaient te sortir l'identité complète d'une personne à partir d'un simple numéro de téléphone ou d'un IBAN.

Car l'une des composantes numéro un de mon métier, c'est d'avoir les bons contacts aux bons endroits. Ces réseaux parallèles, c'est ma vraie force différentielle. Pendant que d'autres hackers se contentent de leurs compétences techniques pures, moi j'ai compris très tôt qu'il faut tisser un réseau d'informateurs humains dans des endroits clés du système.

Ces contacts, je les cultive avec un soin particulier. Un petit service par-ci, une information gratuite par-là, parfois quelques billets qui traînent pour dépanner un contact dans le besoin... C'est un investissement à long terme qui allait s'avérer absolument crucial dans mes futures enquêtes. Parce que la technologie pure, c'est bien, mais avoir quelqu'un à l'intérieur du système administratif ou bancaire, c'est encore infiniment mieux.

J'ai notamment développé une relation privilégiée avec un contact dans une grande institution qui peut identifier n'importe qui à partir d'un IBAN en moins de trois minutes. Un autre chez un fournisseur d'accès Internet qui peut consulter les bases de données d'abonnés. Un troisième dans une grande administration qui peut sortir des informations d'état civil complet. Chacun dans son domaine, tous discrets et fiables.

Une autre affaire qui m'a profondément marqué, c'était celle du père d'une chanteuse française célèbre dans les années 1990 et 2000. On s'est fait contacter suite à une émission de télévision par un proche à elle. Au début, il me parle d'un « Monsieur lambda » qu'il représente, en me disant que ce monsieur a perdu 150 000 euros sur de faux placements financiers.

Forcément, on entre en contact avec le monsieur en question, qui nous raconte son histoire. C'est un homme qui a environ 90 ans, et d'une gentillesse absolument désarmante. À la base, mon contact ne voulait pas me dire que c'était le père de cette chanteuse, mais c'est le monsieur lui-même qui me l'a dit naturellement au cours de la conversation.

Ça m'a fait un choc. C'était quelqu'un que ma mère écoutait quand on était plus jeunes. Ses chansons faisaient partie de la bande sonore de mon enfance à Ris-Orangis. Me dire que, aujourd'hui, alors que je viens de cette cité du 91, que j'ai été viré de tous mes collèges, le père de cette star faisait appel à mes services…

On lui explique comment on travaille, que nos honoraires sont de 6 000 euros pour ce type d'enquête et d'accompagnement. Sa réaction m'a scotché :

« C'est quoi votre RIB ?

Directement, sans négocier. On lui dit :

– Attendez, Monsieur, il faut d'abord qu'on signe le contrat, qu'on définisse précisément la mission…

– Non, moi je marche à la confiance.

– Mais Monsieur, regardez ce qui vous est arrivé avec cette arnaque, il faut faire attention, justement. »

Le proche me rappelle 10 minutes plus tard : « Il vous a adoré, il veut absolument travailler avec vous. »

On leur envoie le devis détaillé et le contrat par e-mail, et dans les 20 minutes qui suivent, je reçois un virement de 6 000 euros en instantané. Le monsieur avait été victime d'une énorme arnaque, il venait de perdre 150 000 euros à cause de sa confiance excessive, et il m'envoie 6 000 euros avant même d'avoir signé le contrat ou de m'avoir envoyé les éléments pour démarrer l'enquête.

Il était tellement dans la gentillesse et la naïveté absolues que cela m'a donné encore plus envie de l'aider, ne serait-ce que pour lui expliquer les fondements dangereux d'Internet et l'aider à mieux se protéger à l'avenir.

On a retrouvé ses escrocs assez rapidement – c'était un réseau de faux conseillers financiers qui ciblait spécifiquement les seniors fortunés. Il était très content de nos résultats, et surtout soulagé de comprendre enfin ce qui lui était arrivé.

Ainsi, on commence à échanger régulièrement à partir de là, je l'aiguille sur la suite des événements judiciaires. Il parvient à faire arrêter le responsable et à récupérer une partie de l'argent détourné.

Et à partir de cette affaire, pas mal de portes importantes se sont ouvertes à moi. La star m'a appelé elle-même pour me dire qu'elle allait parler de moi autour d'elle et essayer de m'ouvrir des portes dans le milieu.

Il se trouve que j'étais *persona non grata* chez TF1 pour une histoire que je vous raconterai dès le chapitre suivant. La chanteuse a tout arrangé personnellement, et, quelque temps plus tard, j'ai même été invité au 20 heures de TF1, puis au 13 heures. C'est la plus grande preuve que TF1 ne me boude plus du tout. Elle m'avait dit qu'elle en toucherait deux mots aux bonnes personnes, et elle a tenu parole.

J'ai une autre histoire marrante avec une star, un joueur de football professionnel très connu. Pour les besoins de cette histoire, appelons-le Frédéric.

Il m'appelle un jour sans se présenter, me parle de la vidéo sur *Legend*, me dit qu'il vient d'en bas lui aussi – on a tout de suite cette complicité des gens qui viennent de banlieue et qui s'en sont sortis. Il me raconte son histoire : pas longtemps avant son appel, quelqu'un l'a contacté en se faisant passer pour l'agent du service fraudes de sa banque.

« Il y a une transaction suspecte d'un gros montant partant depuis votre compte bancaire vers l'étranger, Monsieur. Je dois sécuriser votre argent immédiatement. »

Le timing était parfait pour l'escroc : Frédéric venait juste de recevoir des grosses primes qu'il avait accumulées lors de la Champions League et avait des sommes qui traînaient depuis un moment. Donc pour lui, qu'une banque puisse l'appeler pour lui dire « Écoute, Frédéric, il y a tout ton fric qui commence à être transféré vers l'étranger », ça paraissait logique et prudent. Il n'a pas vérifié si le numéro qui l'appelait était vraiment celui de sa banque. Et même s'il l'avait fait, ça n'aurait rien changé : le plus fou, c'est que c'était effectivement le numéro du service fraudes de sa banque qui s'affichait ! Son escroc maîtrisait le « spoofing » – l'usurpation de numéro de téléphone, une technique dont je vous ai déjà parlé.

Pris de panique, Frédéric fait exactement ce que le faux conseiller lui demande. Le gars au téléphone lui explique que les escrocs sont en train de transférer ses fonds à l'étranger en temps réel. Frédéric lui dit :

« Écoute, je veux que tu bloques les fonds, je ne veux pas du tout qu'il y ait de l'argent qui parte vers l'étranger, c'est pas moi qui suis à l'origine des virements. »

Le piège était diabolique : le conseiller lui fait d'abord confirmer le montant qu'il a sur son compte. Frédéric le fait sans méfiance.

« Voilà, c'est bel et bien ce que j'ai sous les yeux, confirme l'escroc. Il y a un transfert de tel montant qui part vers l'Espagne au moment même où on se parle. Vous me confirmez que je le bloque ? »

Ce que Frédéric ne savait pas, c'est que l'escroc avait déjà les identifiants e-mail et le mot de passe de sa banque en ligne. Le gars lui explique qu'en bloquant les fonds, Frédéric va recevoir des codes par SMS.

En réalité, Frédéric était en train de valider des virements bancaires que l'escroc faisait en direct depuis ses comptes vers des comptes à l'étranger.

Le cauchemar s'est arrêté au bout de 200 000 à 300 000 euros. Pas une somme anodine. Au début, il ne voulait pas du tout en parler ; il préférait s'asseoir dessus plutôt que ça se sache, car dans le milieu du football, une rumeur peut très facilement venir entacher toute une carrière. Mais son attitude a changé quand il a découvert qu'en plus de s'être fait arnaquer, il était en train de se faire humilier en ligne. L'escroc était tellement fier de son coup qu'il avait retransmis l'appel en direct dans un groupe Telegram, se vantant en temps réel : « Eh, les gars, je suis en train d'arnaquer un joueur de foot connu ! »

Quand l'enregistrement a fait le tour de Telegram, des petits jeunes ont commencé à envoyer des messages sur Instagram à Frédéric : « Écoute, Frédéric, fais attention, il y a des gens qui sont en train de t'arnaquer. Je peux te dire c'est qui si tu me donnes 3 000 euros », « Tu me donnes 1 000 balles, je te donne l'info ». C'était vraiment n'importe quoi, les gens étaient dans un délire en mode « tu me donnes de l'argent, je t'aide ». Sept ou huit personnes sont venues lui dire ça en l'espace d'une soirée.

C'est là que Frédéric a commencé à se dire « c'est chelou, ça sent mauvais ». Et quand quelqu'un lui a envoyé les vocaux qui étaient retransmis dans le groupe, ça l'a énervé au plus haut point. Il l'a pris personnellement et s'est dit : « Ces mecs sont des malades, il faut que je les retrouve et que je leur donne une leçon. »

C'est là, par pure fierté blessée, qu'il a décidé de faire appel à mes services : « Marwan, je veux retrouver le gars, il se fout de ma gueule devant tout le monde. »

Mon enquête a commencé par l'analyse technique de tous les éléments qu'il avait conservés. Il me donne le lien suspect sur lequel il pensait avoir renseigné ses coordonnées – effectivement, c'était un lien de phishing. En exploitant ce lien raccourci, on a pu remonter jusqu'au fameux groupe Telegram et comprendre comment les escrocs de Frédéric avaient pu obtenir le mot de passe de son compte bancaire.

Là, j'ai sorti ma panoplie d'ingénierie sociale. On s'est fait passer pour des escrocs nous aussi, on leur a fait croire qu'on voulait acheter les informations de Frédéric pour « faire mieux que ce qu'ils avaient fait ». Ces abrutis nous disent :

« Mais tu pourras jamais faire mieux, on lui a pris des virements bancaires, on a transformé ça en crypto... »

Je commence à discuter avec un des types, qui me parle même de Tornado Cash, un protocole de mélangeur de cryptomonnaies qui permet d'anonymiser totalement ton argent en le faisant passer par une centaine de comptes avant d'arriver sur le portefeuille final. Sauf que Tornado Cash avait fermé parce que son créateur s'était fait arrêter par le FBI. Je lui demande alors sa nouvelle combine et, sans hésiter, il me donne l'outil amateur qu'il utilise ! Un truc très mal fait avec seulement cinq points de terminaison. Traduction : il était très facile à retracer et ne permettait pas du tout d'anonymiser un flux de transactions en cryptomonnaies.

On a ainsi pu suivre une partie des fonds de Frédéric jusqu'à un portefeuille sur la plateforme crypto Binance. Avec l'appui d'un avocat spécialisé dans le droit civil, une simple mise en demeure et les preuves que l'argent avait transité par tous ces comptes avant d'arriver sur la plateforme, il était désormais facile pour lui de récupérer son argent.

Mais à Frédéric, ça ne lui suffisait pas. Il voulait vraiment savoir qui était derrière cette arnaque et se faire justice lui-même. Alors on a poussé l'infiltration encore plus loin. On s'est fait passer pour des fans de ce groupe d'escrocs – parce que, de toute évidence, ces mecs cherchaient la reconnaissance en publiant publiquement leurs méfaits. Ils étaient tellement fiers d'avoir arnaqué Frédéric qu'ils programmaient même une deuxième tentative ! Ils m'ont proposé de jouer le rôle de l'arnaqueur au téléphone : j'étais censé appeler Frédéric en me faisant passer pour le service fraudes de sa banque. Évidemment, j'ai prévenu Frédéric, on a changé tous ses mots de passe, et j'ai trouvé un prétexte pour ne pas passer l'appel.

Pendant ce temps, j'ai récupéré les informations de contact des escrocs. Ils utilisaient un service de chat appelé Potato Chat, et ces petits génies avaient choisi des pseudos qui ressemblaient vraiment beaucoup à leurs vrais prénoms. Encore mieux : ils avaient mal paramétré leurs comptes, laissant leurs numéros de téléphone visibles. J'ai entré ces numéros dans mes bases de données, et bingo : identité complète du gars principal.

Frédéric était sur le cul : « C'est pas possible, il n'a que 16 ans ! » Parce que oui, l'escroc de ce joueur de foot très connu n'était pas encore majeur et lui avait volé près de 300 000 euros. Le gars s'est fait arrêter et est allé en centre pour mineurs.

Ce qui m'a vraiment marqué dans cette histoire, c'est que Frédéric, avant de découvrir que le gars était mineur, voulait aller chez lui pour le confronter. J'ai dû le calmer, faire de la pédagogie, lui expliquer qu'il risquait de devenir l'accusé principal dans l'affaire si cela dérapait. Heureusement, il a changé d'avis.

J'ai une dernière histoire à partager dans ce chapitre. Où, cette fois-ci, la célébrité est utilisée comme appât pour soutirer de l'argent à des gens lambda, et non l'inverse.

Je reçois un appel d'une dame, la cinquantaine, qui pensait sincèrement être en relation amoureuse avec Florent Pagny sur Facebook depuis 18 mois. Elle avait versé 760 000 euros à celui qu'elle croyait être le vrai Florent Pagny. Quand j'ai entendu cette somme, j'ai eu du mal à y croire. Comment quelqu'un peut-il être manipulé psychologiquement au point de donner autant d'argent à un inconnu complet ?

C'était le coup classique de l'arnaque sentimentale poussée à l'extrême : elle était fan absolue de Florent Pagny, elle allait sur les groupes Facebook spécialisés, dédiés au chanteur. Un jour, elle se fait approcher dans les commentaires d'une photo par le faux Florent Pagny sur une page fan officielle de l'artiste, donc la modération aurait dû s'en rendre compte et intervenir.

Cette dame commence à discuter avec lui, elle était déjà sous le charme de l'artiste, mais elle tombe encore plus amoureuse de celui qu'elle croit être l'homme derrière la star. Le gars lui faisait croire que son argent était bloqué à cause d'un divorce compliqué en cours, et qu'il avait besoin d'être dépanné temporairement.

De manière très progressive, avec une manipulation psychologique remarquable, il a outrepassé sa « liberté de penser » (vous l'avez ?). Au fur et à mesure, il a réussi à lui soutirer 760 000 euros, à coups de virements bancaires classiques, de recharges PCS... Toute une mécanique rodée pour soutirer de l'argent.

Le gars, on l'a retrouvé assez facilement grâce à nos méthodes habituelles, mais il n'était pas en France. Il était basé en Côte d'Ivoire, un pays où les accords de coopération judiciaire sont parfois compliqués à mettre en œuvre.

À l'international, c'est le problème récurrent : les forces de l'ordre françaises se découragent trop facilement dès qu'il faut faire du travail de coordination avec d'autres pays. Cette dame n'a jamais récupéré son argent, malgré toutes nos preuves et nos identifications. L'affaire date de mars 2025, et elle illustre parfaitement les limites de notre système judiciaire face à la cybercriminalité internationale.

Et vous allez vite vous en apercevoir – ceux qui connaissent mon histoire savent déjà où cela mène –, mais j'ai pu mettre à profit ces connaissances dans une affaire rocambolesque, qui va faire le tour du monde, et que je m'apprête désormais à vous détailler dans les deux prochains chapitres.

11.

Anne et le faux Brad Pitt (première partie)

Automne 2024. Depuis que j'ai lancé FindMyScammer en avril 2023, j'ai déjà traité bien des cas d'arnaques sentimentales. Romance scams, brouteurs... Je pensais avoir tout vu. Erreur monumentale.

À cette époque, ma vie professionnelle était en pleine évolution. Deux gars chez TF1 m'avaient remarqué depuis la première émission *Legend* et avaient décidé d'adapter l'histoire de ma vie à l'écran. On était en contact régulier, ils travaillaient le pitch, on faisait des entretiens visio. Des boîtes de production étaient intéressées pour développer une série ou un long-métrage sur mon histoire.

C'est pendant l'écriture de cette série qu'un des deux m'explique :

« Un ami à moi est journaliste pour *Sept à Huit* et ils font un sujet sur une victime d'escroquerie, une dame arnaquée de 800 000 euros par un faux Brad Pitt. Tu penses que tu peux l'aider ?

Simple, net, précis :

– Pas de souci. »

Ils me mettent en relation avec le journaliste de l'émission sur TF1. Le mec se présente, me parle de son sujet sur les escroqueries en ligne, de cette dame au faux Brad Pitt, et surtout – détail qui a son importance – me dit qu'elle va pouvoir me payer parce qu'il lui resterait un peu d'argent et que l'émission serait un sacré coup de projecteur sur les métiers du numérique.

Ce journaliste me met donc en contact avec Anne. Mon premier contact avec elle, qui vit à La Réunion, se fait par téléphone. Sa voix tremble. Elle est hospitalisée dans une clinique spécialisée pour dépressions graves. Ce qu'on m'avait dit au téléphone ne correspondait absolument pas à la réalité : cette femme, autrefois prospère et mariée à un entrepreneur millionnaire, n'avait plus qu'un box de six mètres carrés avec quelques cartons pour seul patrimoine.

La vérité me tombe dessus comme une masse : elle a fait trois tentatives de suicide, et, après ça, sa fille de 23 ans a arrêté ses études de droit pour travailler. Je me dis « merde, la situation est bien plus grave que ce que je pensais ».

Après le divorce, elle a pu récupérer de l'argent sur son compte grâce à la prestation compensatoire que son ex-mari lui a versée… et qui lui a été rapidement soutirée par un escroc.

« Je ne vais pas pouvoir vous régler tout de suite, je n'ai pas d'argent, faut que je récupère d'abord des fonds », me dit-elle.

Au début, je ne croyais pas trop au discours d'Anne, je faisais confiance au journaliste de *Sept à Huit* qui, lui, m'assurait qu'elle avait largement de quoi me régler… Je la rappelle : « Si au moins tu peux me payer une partie pour qu'on lance l'enquête. » Elle fond en larmes et elle m'envoie des captures d'écran, en direct, de son compte. Je suis un peu gêné qu'elle fasse ça, je n'en demandais pas autant.

Sa détresse commençait à déteindre sur moi. Son mal-être était palpable. J'ai fait un travail de psychologue avec elle : « On va t'aider comme on n'a jamais aidé personne jusque-là », « Faut pas en arriver à ces idées-là », « Tu nous paieras les honoraires plus tard », « C'est moi qui te suivrai de A à Z personnellement ».

À ce moment-là, j'ai pris une décision : je ferai l'enquête gratuitement. Cette histoire me touchait trop pour que l'argent soit un obstacle.

Anne m'a raconté son calvaire avec une précision troublante. Et là, je découvre un chef-d'œuvre du crime numérique. En analysant les 18 mois d'échanges qu'Anne avait conservés, j'ai découvert une orchestration diabolique.

Tout avait commencé en février 2023, lors de vacances au ski en famille. Fraîchement inscrite sur Instagram pour partager des photos de vacances, elle avait été contactée par une certaine « Jane Etta Pitt », prétendument la mère de Brad Pitt. Le message était simple, mais efficace : « C'est une femme comme toi qu'il faudrait à mon fils. »

L'hameçon était lancé.

Ce qui m'a frappé, c'est la vulnérabilité d'Anne à ce moment-là. Son couple battait de l'aile depuis deux ans. Elle se sentait délaissée par son mari de 19 ans son aîné : « C'est comme si je vivais seule », m'a-t-elle confié. Les escrocs avaient parfaitement ciblé leur proie avec la précision d'un sniper.

La suite de l'approche était subtile. Après le contact par « Jane Etta Pitt », le faux Brad Pitt écrivait : « Bonjour Anne, ma mère m'a beaucoup parlé de toi. J'aimerais en savoir davantage. » Rien de direct, rien de louche. Une séduction progressive, millimétrée comme ils savent si bien faire.

Ces sociopathes connaissaient parfaitement la psychologie féminine. Ils bombardaient Anne de poèmes, de chansons d'amour, de messages d'attention. « Il savait parler aux femmes », m'a-t-elle dit. Cette phrase résonnait douloureusement avec son vécu conjugal.

La première escroquerie était minimale : 9 000 euros pour des « frais de douane » de cadeaux de luxe Vuitton, Hermès et Chanel. Le prétexte ? Les comptes de Brad Pitt étaient gelés à cause de son procès contre Angelina Jolie.

Un mensonge crédible, alimenté par l'actualité médiatique. Ces mecs étaient au courant de tout ce qui se passait dans la presse people.

Mais le véritable génie criminel s'est révélé après le divorce d'Anne. Elle avait reçu 775 000 euros de prestation compensatoire – et elle l'avait dit au faux Brad Pitt. À ce moment-là, l'arnaque a changé de dimension. Fatal. La maladie fictive est apparue : un cancer du rein nécessitant une opération urgente.

Au total, Anne s'était fait escroquer de 830 000 euros. Huit cent trente mille euros. Une fortune.

Je lance donc la machine. Anne me fournit trois numéros de téléphone, huit adresses e-mail et un site Internet, tous utilisés par son arnaqueur. Elle me donne aussi des identifiants de transactions en cryptomonnaies. Avec ces éléments, j'étais confiant sur les résultats potentiels. J'avais assez pour déployer mes techniques d'ingénierie sociale et/ou envoyer un lien piégé.

Je commence à faire de la reconnaissance passive, de l'OSINT : je rentre les numéros de téléphone dans mes outils, j'essaie de voir quelles identités y sont rattachées. Sur le premier numéro, je vois qu'un compte Skype débouche sur le nom d'« Official Keanu Reeves KCR ». Je me dis « putain, j'ai le Skype de John Wick ». Fou. Ce qui signifie que c'est bien l'un de mes escrocs qui, non content de se faire passer pour Brad Pitt, joue aussi les Matrix sur Internet. Ça a été la première info que j'ai trouvée. J'ai aussi trouvé un compte Telegram rattaché au même numéro de téléphone, enregistré à Westfield, en Pennsylvanie.

La photo de profil WhatsApp du deuxième numéro de portable, c'était une jeune femme qui tient des fleurs, mais avec, derrière, le logo du FBI. Pourquoi le FBI aurait un compte WhatsApp avec une nana qui tient des roses en photo de profil ? Et pourquoi, quand le FBI se crée un compte WhatsApp, le logo est si mal cadré ?

Ce qui m'a le plus interloqué, c'est la sophistication des « preuves » fournies par les escrocs. Ils avaient créé un faux passeport au nom de « Rob O'Malley », la vraie doublure de Brad Pitt, mais présenté comme le vrai document de l'acteur. Des photos truquées le montraient dans un lit d'hôpital, accompagnées de messages comme : « Je t'aime tellement bébé » ou « Je suis désolé bébé ».

Ces deepfakes étaient parfois grossiers, mais suffisamment convaincants pour une femme amoureuse et vulnérable. J'ai analysé leurs techniques : ils utilisaient des outils IA accessibles avec un simple ordinateur portable pour transformer leur apparence en temps réel. Et la qualité s'améliorait constamment.

Mais ce qui m'a le plus impressionné, c'est l'écosystème de comptes fictifs qu'ils avaient créé. Anne recevait des messages de « Shiloh », le nom de la fille de Brad Pitt, qui prenait de ses nouvelles. « Jeremy Kleiner », son producteur, participait aussi aux échanges. Même de faux médecins intervenaient pour rassurer Anne sur l'état de santé de « Brad ».

Anne, pendant son escroquerie, avait été en contact avec un « John Smith », un faux agent du FBI. L'adresse e-mail de « John Smith » était toujours active, reliée au même Galaxy A6 Samsung que d'autres comptes. On se dit « OK, parfait, on va pouvoir passer à la prochaine étape ».

Entre-temps, Anne me donne d'autres adresses, notamment celle d'une fausse Ines de Ramon, la nouvelle compagne de Brad Pitt. L'information (vraie) de leur mise en couple donnera lieu à la création par IA d'un (faux) JT par ses escrocs pour dissuader Anne de croire la version officielle. Anne me donne également l'adresse d'un faux site Internet qui servait à suivre les envois de faux cadeaux par les escrocs, pour lesquels elle payait systématiquement les frais de dédouanement et qui n'arrivaient jamais.

Quand Anne doutait, ils sortaient l'artillerie lourde. Chantage au suicide, manipulation de la culpabilité : « Il a avalé tous les cachets suite à vos messages, il est dans le coma », lui a dit un faux docteur. Ces sociopathes n'avaient aucune limite.

Après ça, on passe aux adresses e-mail. Deux sur les huit sont encore actives. Je me dis qu'à ce stade, on peut tenter notre chance pour leur envoyer un lien piégé avec ce qu'on appelle un « iplogger » – un outil qui permet de récupérer l'adresse IP de quelqu'un quand il clique sur un lien. J'ai écrit en anglais : « Cher Monsieur, veuillez trouver ci-joint les papiers relatant la discussion qu'on a eue au téléphone. » Le lien, je l'ai renommé tout comme les métadonnées d'affichage pour faire en sorte que, lors du survol de l'adresse avec la souris, ça affiche « documents de paiement ». Mon intuition : les gens vénaux, quand tu leur dis : « Veuillez trouver les documents de paiement », il y a une chance qu'ils cliquent.

L'enquête avait commencé fin octobre. La première fois qu'il clique, c'est le 22 novembre 2024 à 17 h 16 et 50 secondes. J'étais en direct sur mon ordinateur quand ils ont cliqué. Je me suis levé et j'ai sauté d'un coup ! J'ai appelé mon enquêteur, et je lui ai dit : « Ils ont cliqué ! » Il n'y croyait pas.

Ces clics nous ont permis de retrouver son adresse IP, et donc d'avoir leur localisation exacte, le type de système qu'ils utilisent et l'identifiant de leur appareil. Ils venaient du Nigeria. On a pu localiser l'emplacement exact de leur maison, on en a fait une capture d'écran sur Google Maps. C'est une maison deux ou trois fois plus grande que les autres du quartier. Le broutage, ça paie.

À ce moment-là, on a juste l'emplacement exact des gars. Et ça avait déjà fait grandement avancer les choses, car après on a pu se concentrer sur le volet civil de l'affaire, à savoir : récupérer les fonds.

Entre-temps, on a identifié le portefeuille crypto des escrocs. On a deux adresses : dans le premier, il y avait trois dollars ; dans le second, 29 millions. Je tombe des nues : ça rapporte tant que ça de se faire passer pour des célébrités ? Le pire dans tout ça, c'est qu'on comprend qu'ils ont certainement causé des morts. Anne a tenté de se suicider trois fois, donc cet argent a au moins été responsable de trois tentatives de suicide. Et combien d'autres Anne y avait-il de par le monde ?

Il se trouve que j'ai aussi parlé à d'autres victimes de ces mêmes escrocs, en privé. Une d'entre elles m'a dit qu'elle s'était fait arnaquer de 400 000 francs suisses.

Pour ne rien vous cacher, on a eu une petite baisse de moral après les limites de nos techniques d'OSINT. On était même un peu défaitistes, car on sait bien que quand les cybercriminels décident de s'y mettre, ils peuvent être très ingénieux pour ne pas qu'on les retrouve.

C'est un coup du hasard, six mois plus tard, qui va redonner vie à l'enquête. Fin juin 2025, j'ai une conférence prévue pour leHACK, un événement sur la cybersécurité à Paris. Je fais partie des « speakers » et je dois présenter l'affaire du faux Brad Pitt. Histoire de me rafraîchir les idées, le matin même, je repasse une dernière fois sur le rapport d'enquête, et je m'aperçois, inscrite en lettres minuscules, en bas d'une page, qu'il y a une adresse e-mail qu'on n'avait pas analysée. Je me dis « je peux pas aller parler devant leHACK avec une adresse e-mail non identifiée », ça aurait pu être la honte devant les experts cyber de toute l'Europe. Pas de zone de flou possible.

Je la mets dans un outil OSINT que j'utilise, et je trouve le nom du mec. C'est bien un Nigérian, avec une tête de mec lambda qui bosse dans une start-up : grand sourire, tête juvénile et pull de jogging avec capuche griffée du logo de sa boîte. Grâce à sa start-up, il a pu ouvrir des comptes en Espagne ou en Turquie, pays par lesquels des virements d'Anne ont transité.

En poursuivant les enquêtes, on s'aperçoit qu'il y a en réalité trois personnes. Une petite PME de la cybercriminalité, mais, en termes de capital, ils n'ont rien à envier à certaines grandes entreprises. Le salaire moyen au Nigeria étant de 175 dollars, avec leurs 29 millions en cryptomonnaie, ils avaient glané 13 800 ans de salaire moyen dans leur pays.

Une fois que l'affaire a été médiatisée, ce dont je m'apprête à vous parler, on a été contactés par le cabinet du président nigérian, qui nous a demandé d'envoyer tous les éléments en urgence. Ils ont fait preuve de bonne foi, nous ont présenté de vrais interlocuteurs de confiance, mais, depuis, on n'a pas eu de nouvelles. Au moment où j'écris ces lignes, je leur ai remis l'identité complète des escrocs, et j'ose espérer que cela va faire d'autant plus avancer les choses.

Il faut savoir que les autorités réunionnaises n'avaient jamais pris la plainte d'Anne, probablement qu'ils ne la prenaient pas au sérieux. Le ministère a dû se pencher sur le dossier, car c'était humiliant au niveau mondial pour la France. Bizarrement, un beau jour, comme une fleur, le procureur rend visite à Anne pour lui déposer une lettre en main propre.

C'est à ce moment-là que cette affaire m'ouvre les portes d'un lieu tout nouveau pour moi : l'Ofac, pour Office anti-cybercriminalité. Ils voulaient que je leur transmette les éléments de l'enquête. Je vais à Paris, je suis habillé avec mon pull au logo FindMyScammer, jean et baskets, et j'ai ma clé USB, mais aussi le dossier déjà imprimé au cas où ils ne feraient pas confiance à cette clé.

Ils me reçoivent dans leurs bureaux. Je me dis que je suis du bon côté de la force : maintenant, ce sont les flics qui me demandent conseil pour une enquête ! Avant, j'étais sur cette même chaise, mais menotté. Je suis là, avec encore ma ceinture, mes lacets, mon téléphone, libre... Donc je me dis qu'être dans ce type de bureau-là, avec des gens en uniforme qui, autrefois, auraient voulu me faire la peau, c'est un accomplissement personnel. Je me suis dit « là, tu es en train de leur prouver que personne n'est perdu d'avance et que tu peux devenir un des gars les plus utiles pour eux en t'y mettant sérieusement ».

Bref, on s'assoit, et ils me disent : « Qu'est-ce qu'un lien piégé ? Qu'est-ce que c'est qu'un iplogger ? » Je réponds, un peu surpris, que ce sont des techniques qui permettent de récupérer une adresse IP. Soit ils n'y connaissent rien, soit ils me testent. Ils me demandent si c'est illégal. Non : quand tu envoies l'iplogger, tu as un avis de consentement qui s'affiche. Je leur fais une démonstration pour leur prouver ce que j'avance, puis je signe une déposition en tant que témoin.

Mais l'enquête technique, aussi satisfaisante soit-elle, n'était que le début de l'histoire. J'avais localisé les arnaqueurs, certes, mais l'argent était encore bloqué au Nigeria. Et, surtout, ce que je ne savais pas encore, c'est que le chaos n'allait pas venir des escrocs nigérians, mais de ceux qui étaient censés aider Anne à raconter son histoire...

12.

Anne et le faux Brad Pitt (seconde partie)

Ce n'est pas Anne qui a approché *Sept à Huit* pour raconter son histoire, mais *Sept à Huit* qui a pris l'initiative de la contacter après avoir eu vent de l'affaire. L'histoire vraie ? Le journaliste de cette émission en aurait entendu parler au cours d'un dîner avec un ami qui faisait partie de l'entourage d'Anne.

Anne, dans un état psychologique désastreux après ses trois tentatives de suicide, fragile comme du cristal, a accepté de raconter son calvaire devant des millions de téléspectateurs. Et moi, flatté de passer à la télé, qui tombe dans le panneau la tête la première, les yeux fermés.

Ils ont fait le tournage avec Anne à l'été 2024. Sa fille Margaux est intervenue aussi, pleine d'espoir de voir sa mère enfin sortir de ce cauchemar. En octobre, le journaliste de *Sept à Huit* débarque chez moi avec quatre heures de retard.

« Désolé du retard, les embouteillages... », me lance-t-il en posant sa caméra sur ma table de salon Ikea. Et là, il me sort son baratin avec un sourire commercial, me dit que l'angle sera très bienveillant pour les victimes d'escroqueries, qu'il va aussi promouvoir les métiers du numérique, mettre en valeur mes compétences, et faire la promotion de la cagnotte Leetchi d'Anne.

Moi, je suis content. Je me vois déjà faire le tour des plateaux télé, expliquer mes techniques de hacker éthique aux foules ébahies, devenir le nouveau Columbo du numérique. L'expert qui démonte les arnaques avec son PC portable et sa barbe de trois jours.

Le tournage se déroule dans mon bureau transformé en plateau télé improvisé. Projecteurs qui chauffent, caméra professionnelle qui ronronne, micro-cravate qui gratte. Le journaliste me pose des questions parfois très tendancieuses, avec cet air d'investigateur qui sait déjà tout.

« Ça provient d'où, ce type d'arnaque ?

– Souvent d'Afrique de l'Ouest, notamment pour les escroqueries sentimentales, mais aussi de certains pays asiatiques comme la Malaisie ou la Birmanie.

– Expliquez-nous ce qui est arrivé à Anne, en détail. »

Je me lance dans l'explication des brouteurs, ces escrocs spécialisés dans la manipulation sentimentale. Je raconte les techniques d'ingénierie, les deepfakes de Brad Pitt, les sommes détournées. Je présente ma société, mes méthodes d'investigation, mes outils de contre-attaque numérique.

L'ambiance est studieuse, presque chaleureuse. Puis le journaliste veut qu'on mime la transmission des éléments à Anne pour introduire les résultats du rapport d'enquête. Le clou du spectacle, la révélation qui va tout changer. Sauf qu'on arrive à 19 h 30-20 heures, et les membres de l'équipe me disent soudain : « Fin de tournage. »

« Attendez, on n'a toujours pas tourné le passage avec le rapport d'enquête ! »

Ils me répondent de ne pas m'inquiéter, qu'ils vont revenir la semaine prochaine, que c'est un peu chaud au niveau des délais, là. Je leur fais confiance. Ce que je ne savais pas, c'est que ce mec allait monter son sujet sans jamais regarder les résultats de l'enquête. Alors qu'on avait plein d'éléments sur les escrocs !

Anne est au bout de sa vie et ne peut pas se payer un avocat. Elle attend très fort cette diffusion de *Sept à Huit* pour être en mesure de financer ses frais de justice. Imaginez la scène : une femme de 53 ans qui vient de faire trois tentatives de suicide, seule, loin de sa fille, qui n'a plus rien, et qui s'accroche à un espoir télévisuel comme à une bouée de sauvetage.

Ses soignants à la clinique l'encouragent, persuadés que cette exposition médiatique va l'aider à s'en sortir. Sa fille Margaux espère que cela va enfin sortir sa mère de la merde. Tout le monde attend ce putain de dimanche soir comme le Messie.

Dimanche après-midi, le journaliste envoie un message pour nous dire qu'il est désolé, mais que l'émission ne sera pas diffusée aujourd'hui, car l'actualité est un peu lourde en ce moment. OK, ça arrive. L'actualité, les attentats, la politique, tout cela peut bousculer les grilles. Anne est dépitée, elle avait dit à tous ses soignants qu'elle passerait dans *Sept à Huit*. Premier red flag, mais on se dit que c'est juste reporté de quelques semaines, tout au plus.

En novembre, rien. Puis vient le premier dimanche de décembre. « Ça y est, vous allez être diffusés ! » nous annonce le journaliste. Anne était toute contente, elle appelait tout le monde : « Enfin je vais pouvoir payer mes frais d'avocat ! Vous allez voir, ça va tout changer ! »

Pendant ce temps-là, je continuais mon travail de fourmi avec elle, l'aidant psychologiquement, la soutenant moralement. Presque du bénévolat de psychologue en plus de mes enquêtes gratuites. Des heures au téléphone à écouter ses angoisses, ses peurs, ses espoirs et à assécher ses pleurs. Des nuits entières à la rassurer quand les idées noires revenaient.

Ce soir-là, tout le monde est devant la télé.

Et… rien. Le sujet n'est toujours pas diffusé.

Dans la tête des soignants, ça commence à sonner comme une histoire bizarre. Ils ne la croient plus. « Anne, vous êtes sûre de votre histoire de télévision ? » Elle recommence à avoir des idées noires.

Le lendemain matin, j'envoie un message cash au journaliste de *Sept à Huit* :

« Mec, il faut que tu rassures Anne, elle ne se sent pas bien du tout. »

Sa réponse me laisse sans voix : il m'assure qu'il l'a appelée la veille, qu'elle va bien, et que tout est sous contrôle. J'appelle immédiatement Anne pour vérifier. Ce que je découvre me glace le sang : le journaliste la baladait au téléphone depuis des semaines. Le mec lui promettait monts et merveilles, lui jurait qu'elle allait passer « dimanche prochain, c'est sûr cette fois », et en fait il n'en savait rien.

On en arrive au deuxième dimanche de décembre. Même cinéma. On était tous devant la télé, et on découvre qu'on est remplacés par... les incendies de Los Angeles.

C'est à ce moment précis que quelque chose de magnifique se produit dans ma vie personnelle. En décembre, il y a eu la naissance de ma fille. Sauf qu'à l'hôpital, pendant que ma femme accouchait, j'étais au téléphone avec Anne. Ma femme qui pousse pour mettre notre enfant au monde, et moi qui suis au téléphone avec une victime d'escroquerie que je n'ai jamais rencontrée, en train de la soutenir psychologiquement alors qu'elle est au plus mal.

C'est là que je commence à poser les bonnes questions à Anne, celles qui fâchent.

Je lui demande si, quand ils sont venus chez elle, les journalistes lui ont proposé de flouter son visage. Elle m'explique qu'elle a demandé s'ils pouvaient le faire, mais qu'ils lui auraient expliqué que si elle mettait son vrai visage et son vrai nom, ce serait plus authentique pour la cagnotte, que les gens feraient plus confiance.

Là, j'hallucine, au sens propre du terme. Comment un journaliste expérimenté peut-il proposer à une victime d'escroquerie en grande souffrance de témoigner à visage découvert ? Comment peut-il ensuite lui assurer tous les dimanches qu'elle va passer à l'antenne, alors que la date de diffusion de ce genre d'émission est soumise aux aléas de l'actualité ?

Après cette deuxième semaine de décembre, il s'excuse encore, et me dit que c'est de sa faute, qu'il ne faut pas s'inquiéter. Il me promet également qu'il va faire le plus beau sujet possible en janvier, et que c'est la dernière fois qu'il nous fait faux bond. Je lui reparle du floutage d'Anne :

« Non, mais, sérieusement, cette femme a besoin de protection. Elle est en détresse, elle a fait des tentatives de suicide. »

Le journaliste m'affirme qu'elle est OK avec ça, et qu'elle lui a dit vouloir montrer son nom et son visage pour servir d'exemple aux autres victimes. C'est là que je pète définitivement un plomb :

« Ce que vous faites là, c'est très incorrect. Si vous empêchez Anne de masquer son visage et son nom, c'est inadmissible. Je vous interdis formellement d'utiliser mon image dans le reportage. Vous ne nous avez rien fait signer, donc je refuse catégoriquement la diffusion. Sinon, je vous poursuis en justice pour usage d'image sans autorisation. »

Et à partir de ce moment-là, plus aucune nouvelle du journaliste. Il a même bloqué mon numéro de téléphone.

Dimanche 12 janvier 2025. Le *Sept à Huit* est enfin diffusé. Je suis devant ma télé, bébé dans les bras, ma femme encore fatiguée de l'accouchement à côté de moi. Et là, c'est le choc total, l'apocalypse télévisuelle.

Tous les plans sur Anne la montrent dans un état dépressif épouvantable. L'axe du sujet était clair comme de l'eau de roche : mettre en avant une bourgeoise parisienne qui s'était fait voler de l'argent et qui se plaignait pour rien. Les seules images d'elle : elle qui pleure à chaudes larmes, qui fume cigarette sur cigarette, qui marche seule sur une plage face au vent de La Réunion. Son rôle dans cette comédie journalistique était clairement celui de la pauvre victime millionnaire complètement débile qui méritait ce qui lui arrivait.

Et je découvre avec stupéfaction que je suis finalement dans le reportage. Ils ne diffusent évidemment pas le rapport d'enquête, puisqu'ils ne l'avaient jamais filmé, et ils finissent par dire avec un culot monstre : « L'enquête continue et Anne est toujours à la recherche de ses escrocs. »

Le pompon de cette mascarade ? Ils n'ont rien flouté. Ni son visage ravagé par les larmes, ni son nom complet, ni son âge.

Résultat instantané : Anne se fait harceler par des centaines d'internautes. Insultes, moqueries, menaces.

Je vais sur les réseaux sociaux pour voir l'ampleur des dégâts, et je découvre que *Sept à Huit* a posté un extrait sur ses réseaux en écrivant : « Elle perd son argent, sa santé et son millionnaire de mari. » J'hallucine dans tous les sens. Ils présentent Anne comme une femme vénale qui a épousé un riche pour son fric, alors qu'elle était sincèrement amoureuse de ce faux Brad Pitt.

On est à H + 1 de la diffusion et je sais déjà que je ne vais pas dormir de la nuit, que je vais passer 24 heures de folie pure. J'allume mon ordinateur, les doigts qui tremblent de colère, et je commence à écrire une mise en demeure à la boîte de production.

À H + 2, je prends un autre numéro de téléphone et j'appelle directement le journaliste. Il décroche, surpris.

« Allô ? C'est Marwan. J'espère que tu es fier de toi. » Il me répond qu'il a simplement fait son travail et que c'est un très beau sujet. « Ton travail ? Mener en bateau une femme en détresse pendant trois mois, c'est ton travail ? Diffuser ses données personnelles, c'est ton travail ? »

La mise en demeure fait son effet immédiat. Au bout de 24-48 heures, ils commencent discrètement à supprimer les posts Facebook, à retirer le passage d'Anne du replay.

Cela donne l'impression qu'ils savent qu'ils ont merdé gravement, mais ils le font en douce, sans jamais s'excuser publiquement.

Pendant ce temps, Anne vit ce qu'on appelle dans le jargon d'Internet une « session vanne » : quand un sujet passe en tendance sur Twitter et que la personne devient un sujet de dérision pour tous les petits rigolos de la planète. Anne, 53 ans, ne connaît rien à Twitter, donc elle se mange ça en pleine face sans comprendre.

Au niveau mondial, elle était devenue *la* blague d'Internet. Les mèmes pleuvaient : « POV : tu tombes amoureuse de Brad Pitt sur Internet », « Anne qui donne 830 k à un faux Brad Pitt », « Quelqu'un peut dire à Anne que Brad Pitt ne dragouille pas sur Facebook ? » « Hey, Anne, c'est Brad... »

Je recevais des captures d'écran venues du monde entier. Des comptes avec des millions de followers qui se moquaient d'elle, des grandes marques en tout genre, des clubs sportifs. J'étais spectateur impuissant de sa chute libre, et je savais que le gros risque, c'était le suicide.

Dans cette situation désespérée, j'appelle un des fondateurs de *Legend*, avec qui je m'entends très bien depuis ma première vidéo chez eux. Il me suit depuis le début de mon parcours et c'est en quelque sorte le grand frère, le père, l'oncle que je n'ai jamais eu dans le business.

« J'ai besoin de toi. Il se passe un truc de malade.

Je lui raconte avoir le sentiment que, depuis le début, cette histoire n'est faite que de manipulations, de mensonges, que ça tourne au carnage médiatique. Et que cette histoire risque d'avoir un impact désastreux sur la vie d'Anne. Il m'écoute sans m'interrompre, avec bienveillance.

– Bouge pas, me dit-il. Je vais appeler Manuel, on va t'aider. »

Manuel Diaz m'appelle dans l'heure qui suit. Cet homme va devenir plus tard mon agent, et c'est une vraie légende de l'entrepreneuriat français. Il m'invite à passer d'urgence dans les bureaux de *Legend* pour expliquer à chaud ce qui s'est passé.

Le tournage se fait dans la foulée. J'explique tout, sans filtre, avec mes tripes. L'injustice, la manipulation, la détresse d'Anne. En parallèle, je mets Anne en contact avec une avocate spécialisée dans les victimes d'escroquerie. Je paie moi-même ses honoraires.

Après le tournage, je rentre chez moi en fin de soirée, épuisé, mais déterminé. Je ne suis pas bien, j'ai très peur pour ma nouvelle amie.

En rentrant, dans ma chambre, je fais un tweet sur mon compte avec mes 50 abonnés de l'époque. Un tweet du cœur, écrit les larmes aux yeux, juste avant de dormir, où je dénonce tout de manière concise.

Le réveil du lendemain ? Mon téléphone explose de notifications. *Le Monde*, *Clique*, CNN, M6, France Inter... Mon tweet a fait 2 millions de vues, des dizaines de milliers de retweets. C'était du grand n'importe quoi, une ampleur que je n'avais jamais vue de ma vie.

Mais le plus beau ? Des gens envoyaient des vagues de soutien à Anne. Ça montrait un autre aspect du Net, pas seulement malveillant. Des messages d'encouragement, des dons sur sa cagnotte, des témoignages de solidarité.

Le soir même, la vidéo *Legend* sort : deuxième explosion de bienveillance. L'opinion publique se retourne complètement.

Après ça, pendant un mois entier, je deviens littéralement l'agent d'Anne. Mon téléphone n'arrête plus de sonner : projets de livres, films, séries, documentaires, propositions d'interviews au Japon, aux États-Unis, en Australie...

Je gérais simultanément ma carrière, celle d'Anne, la naissance de ma fille, ma société FindMyScammer et ma femme qui se remettait de l'accouchement. Un rythme infernal.

Je passais 22 heures sur 24 au téléphone et devant mon ordinateur. Les journalistes du monde entier voulaient interviewer Anne et le hacker qui l'a aidée à localiser les escrocs. Des producteurs s'intéressaient aux droits de son histoire. Je tombais dans un état d'épuisement quasi total, survivant au café et à l'adrénaline.

Heureusement, Manuel Diaz me propose de reprendre le flambeau et de s'occuper de la gestion de tous les contacts entrants pour Anne. Il devient mon agent et celui d'Anne aussi, pour veiller à ses intérêts. Ça me décharge énormément, ça me permet enfin de souffler.

L'affaire fait littéralement le tour du monde. Et là, quelque chose d'incroyable se produit : Brad Pitt lui-même réagit *via* son porte-parole officiel. Le communiqué tombe :

« C'est terrible que des escrocs profitent de la forte connexion des fans avec les célébrités, mais c'est un rappel important de ne pas répondre aux sollicitations en ligne non demandées, en particulier de la part d'acteurs qui n'ont pas de présence sur les réseaux sociaux. »

Enfin, une célébrité, et pas n'importe laquelle, qui reconnaît qu'Anne était une victime, pas une idiote.

Ce qui n'empêche pas les moqueries de continuer. Des gens célèbres et même des grandes marques se moquent d'Anne sur les réseaux sociaux.

Anne le vit très mal. Chaque moquerie la replonge dans ses idées noires.

De mon côté, je fais une série de plateaux télé sur cette affaire devenue internationale. *Quotidien, Les Grandes Gueules*...

On finit sur *C à Vous* avec Margaux, la fille d'Anne. Pendant le tournage, ils diffusent des photomontages que les escrocs envoyaient à Anne – des deepfakes de Brad Pitt malade à l'hôpital. L'avocate que j'avais payée de ma poche semblait presque sourire elle aussi de cette histoire.

On a mandaté un autre avocat, qui a tout de suite cerné les enjeux. Et qui, surtout, va tenter de récupérer l'argent perdu par Anne auprès des deux banques mauricienne et réunionnaise qui, loin de contrôler les très nombreuses demandes de virements aux libellés grotesques faites par Anne, ont tout laissé passer sans sourciller. Plusieurs centaines de milliers d'euros en quelques jours !

En outre, cette affaire m'a fait comprendre qu'il fallait une expertise juridique dédiée dans mon entreprise. Jusqu'alors, c'était moi qui gérais la récupération des sommes volées en plus de mes enquêtes. J'ai décidé de recruter un juriste en interne, dont la mission exclusive est d'identifier les voies de récupération de fonds les plus probables sur tous nos dossiers.

Cette histoire a paradoxalement redonné des projets de vie à Anne. Elle a sorti un livre-témoignage poignant, quelques semaines avant la publication du présent ouvrage. Elle a été sollicitée pour réaliser une série documentaire sur cet épisode de sa vie, et une production d'une œuvre de fiction serait en préparation.

Son grand rêve dans la vie, c'était de partir vivre à Bali et d'y créer un potager bio. Après cette épreuve, et malgré tous les efforts déployés, ce rêve demeure très lointain.

Le seul fantasme que j'ai aujourd'hui ? Pouvoir faire savoir à toutes ces victimes à travers le monde que leur escroc a été identifié, localisé, et qu'il suffit d'en parler autour de soi pour faire avancer la justice internationale. Car la véritable victoire, ce ne sera pas seulement d'avoir aidé Anne. Ce sera d'avoir démantelé un réseau criminel qui a détruit des centaines de vies.

13.

Christelle, la vraie-fausse amie des stars

S'il n'y avait pas eu « l'affaire Anne », ce que j'appelle parfois « l'affaire Christelle » aurait pu, elle aussi, exploser dans les médias du monde entier. Quoi qu'il en soit, cette affaire m'a bien étonné, fait rire, attristé… et souvent un peu tout cela en même temps.

J'adore cette histoire. Elle résume à elle seule toute la complexité de la psychologie humaine face aux arnaques, et cette frontière ultramince entre naïveté et déni pur. C'est un peu le schéma inverse du truc habituel : elle sait qu'elle s'est fait arnaquer, mais… elle pense que ce sont vraiment les stars qui l'ont fait. Ses escrocs ont été assez inventifs et doués pour qu'elle ne doute pas une seconde qu'il s'agit de vraies stars… et Christelle avait très envie d'y croire.

Mon téléphone sonne dans mon bureau de Ris-Orangis. C'est Yassine, un de mes téléopérateurs, qui décroche. À l'autre bout du fil, une voix féminine déterminée, qui lâche direct sans préambule :

« C'est eux qui m'ont arnaquée, pas un escroc, c'est eux ! »

Yassine, habitué aux cas « exotiques » après des mois à gérer nos clients les plus improbables, reste professionnel : « De qui vous parlez exactement, Madame ? »

« Mais de Kendji Girac, Slimane, Dadju, Keen'V, Matt Pokora ! Je me suis fait arnaquer par des célébrités et j'aimerais les poursuivre en justice ! »

Yassine me fait signe depuis son poste de travail. Quand quelqu'un est encore pris dans l'illusion créée par son escroc, j'essaie de le prendre moi-même. J'ai un peu l'habitude de faire de la pédagogie autour de ça, d'essayer de faire sortir les gens de leur bulle. Parce que c'est cette illusion qui les maintient dans leur état de victime.

Je prends l'appel :

« Bonjour Madame, c'est Marwan, le dirigeant de FindMyScammer. On me dit que vous avez des soucis avec des célébrités ?

– Monsieur Marwan ! »

Sa voix s'illumine immédiatement. « Je suis Christelle ! Je me suis fait arnaquer par Kendji Girac, Dadju, Keen'V, Slimane et Matt Pokora, et j'aimerais les poursuivre en justice. Je les ai vus de mes propres yeux ! »

Là, je me redresse sur ma chaise. Ça sort de l'ordinaire, ça. Jamais on ne m'avait contacté pour me dire : « J'aimerais prouver que des célébrités m'ont arnaquée. » D'habitude, c'est plutôt : « Prouvez-moi que ce ne sont pas les vraies célébrités. »

« Christelle, je vais vous expliquer comment ça se passe. Nos enquêtes durent généralement entre trois et cinq semaines, et ça coûte 1 500 euros. Objectif : vous prouver que ce ne sont pas les vrais Kendji Girac, Slimane et Dadju qui vous ont contactée. Et vous aider à récupérer votre argent.

Et là, elle s'énerve :

– Non, non, non ! Ce sont les vrais, je vous dis ! Je les ai vus ! Je les ai rencontrés en vrai ! Ils me reconnaissent quand je vais les voir en concert ! »

Christelle me raconte son histoire avec une conviction déconcertante. Elle affirme être en contact depuis quatre ans avec plusieurs stars françaises. Elle n'a jamais prononcé le mot « escroquerie ». Pour elle, ce sont bien les vrais artistes qui lui doivent de l'argent. Le problème ? Ils tardent à rembourser.

Dans sa manière un peu tordue de voir les choses, elle a eu une idée que je décrirais ironiquement « de génie ». Elle me dit un jour au téléphone que, puisque je pense que ce sont de faux artistes, je n'ai qu'à les envoyer en prison et leur faire payer 30 000 euros de dommages et intérêts chacun. Ainsi, conclut-elle, s'ils sont cinq, elle récupère son argent avec 150 000 euros en plus !

Son profil ? Christelle a 47 ans. C'est une libraire très impliquée dans la vie de sa commune, près de Tours. Elle a un profil plutôt classique, vit avec sa maman. Quelqu'un de généreux, d'investi, mais qui doit selon moi se sentir seule.

Le point central de sa personnalité ? Christelle rêve de chanter. Quand tu lui parles, elle se présente comme la fille d'un artiste qui passait à la radio dans les années 1970. Son plus grand fantasme ? Passer à la télé pour rendre hommage à son père décédé.

Je sens vite qu'elle est fondamentalement naïve et gentille. Mais le problème, c'est qu'elle s'est fait hacker le cerveau par des escrocs professionnels pendant quatre ans et que, malgré tous les éléments qu'on va lui fournir, elle risque de rester convaincue de sa vérité.

Je pense que les escrocs l'ont parfaitement identifiée et ont su exploiter cette solitude affective. Pour elle, se faire approcher par plusieurs célébrités en même temps, c'était normal. « Je suis amie avec des célébrités, j'ai l'habitude de parler avec elles », m'a-t-elle une fois dit, pleine d'assurance.

Elle en parlait à ses collègues de la librairie comme si c'était son quotidien, en disant que son ami Amir lui avait dit que..., que son nouvel ami Slimane lui avait envoyé un message la veille. Bref, elle y croyait dur comme fer, c'était devenu son identité sociale.

Au fil des semaines, peu importent mes arguments rationnels, Christelle ne veut rien entendre. Elle est persuadée que ce sont de vraies célébrités qui viennent lui parler, et ce qui la rend encore plus sûre d'elle, c'est qu'elle a remué ciel et terre pour aller voir Slimane après son concert au Zénith.

Écoutez bien cette histoire de malade...

Novembre 2023, Zénith de Tours. Christelle avait acheté sa place. À la fin du concert, elle supplie les agents de sécurité, explique qu'elle a une maladie rare pour aller voir Slimane dans sa loge. Elle pleure, elle insiste, elle joue la carte de la fan en détresse.

Et ça fonctionne ! Les vigiles la laissent passer dans les coulisses.

Christelle se retrouve face à face avec Slimane, encore en sueur après son concert. Elle lui saute dessus et lui demande tout de suite s'il se rappelle d'elle. Lui, avec le discours classique de politesse que beaucoup de chanteurs sortent machinalement à tous leurs fans un peu envahissants, répond : « Euh... oui, bien sûr ! Ça fait longtemps ! On se voit au prochain concert, d'accord ? »

Dans la tête de Christelle, ça a tout confirmé. Il la reconnaissait ! Et son empressement ? Il voulait juste fuir parce qu'il avait honte de ne pas l'avoir remboursée.

Elle trouvait qu'il n'avait pas le même comportement en privé sur WhatsApp qu'en public.

Grosse erreur. À tous les chanteurs qui nous lisent : arrêtez le coup de la fausse proximité automatique avec vos fans ! Vous pourriez bien créer plusieurs Christelle sans le savoir !

Quand elle me raconte ça au téléphone, je lui explique : « Madame, envoyez-nous tous vos éléments, et vous verrez la vérité ! »

Christelle nous règle la moitié du forfait au début de l'enquête et, comme c'est de coutume, doit nous payer la seconde moitié au rendu du rapport. Pendant qu'on bosse sur son dossier, elle nous appelle tous les deux ou trois jours en faisant un peu la maligne :

« Bon alors, vous en êtes où dans vos recherches ? Vous ne vous êtes pas encore rendu compte que je n'aurai pas besoin de payer la seconde partie ? »

Elle nous nargue gentiment, persuadée qu'on va découvrir que ce sont vraiment les stars qui l'ont arnaquée.

Pendant cette période, Christelle continue d'aller à tous les concerts de « ses » célébrités. Mars 2024, Kendji Girac est en concert à Tours. Elle achète une place, fait la queue devant les loges après le spectacle.

Elle a peu de temps pour parler à Kendji Girac, alors elle demande en criant devant toute la foule de fans, devant son agent, ses musiciens, s'il se rappelle d'elle.

Kendji la regarde avec ce sourire poli qu'il sort à tous ses fans :

« Oui ! Ça va bien ? »

Christelle fond en larmes devant tout le monde et lui demande de répondre sur les réseaux, car il ne donne plus de nouvelles depuis trois semaines, explique-t-elle.

Scène plutôt classique pour un chanteur populaire, mais il ne savait pas à qui il avait affaire. Car là, elle balance la bombe devant tout le monde en lui criant de rembourser son argent le plus vite possible.

Silence de mort dans les coulisses. Tous les regards se tournent vers eux. Kendji la regarde avec de grands yeux : « Mais... de quel argent tu parles ? »

Évidemment, la sécurité de Kendji escorte Christelle à l'extérieur sans ménagement. Elle se retrouve sur le parking, en larmes, et m'appelle immédiatement :

« Marwan ! Tu sais pas ce qui vient de se passer ?

– Quoi, Christelle ? »

Elle me dit que c'est bel et bien avec Kendji qu'elle était en contact, qu'elle a été le voir, qu'il a refusé de la rembourser, et qu'il l'aurait fait sortir par la sécurité.

Je soupire et lui demande comment elle a fait pour le voir. Elle m'explique avoir attendu devant la sortie des artistes après le concert.

Moi, j'imagine le pire, et lui explique que ça ne se fait pas, qu'on ne peut harceler des célébrités comme ça, surtout quand elles ne la connaissent pas. Et là, elle me répond qu'il a dit se rappeler d'elle : preuve était faite que c'était bel et bien lui qui lui écrit sur WhatsApp.

Le lendemain, elle me rappelle, encore plus énervée, en me disant que le monde est pourri, et qu'elle ne comprend plus rien. Elle avait voulu porter plainte contre Kendji Girac, et la police lui avait ri au nez. Et de se demander ce qu'elle pouvait faire si la police ne la soutenait plus.

Je commence à comprendre que la situation part complètement en vrille. Je fais le maximum pour l'aider, et elle se met en danger en allant faire des esclandres publics devant des stars.

Quelques jours plus tard, coup de théâtre. Christelle me rappelle avec une nouvelle lubie :

« Marwan, je sais que ça ne fonctionne pas comme ça, mais je veux arrêter l'enquête ! Je viens de parler avec Dadju, et il va me rembourser. J'étais à l'instant sur Messenger avec lui, il m'a dit qu'il allait tout me rendre, et que je pouvais arrêter vos recherches.

Là, je me dis qu'elle est en état de manipulation psychologique avancée. Alors je fais un truc que je n'avais jamais fait envers un client : je lui mens.

– Oui Christelle, on va annuler l'enquête, ne vous inquiétez pas ! »

Sauf que je poursuis quand même en secret. L'enquête est presque bouclée, et je veux aller au bout.

Je me rends compte qu'une adresse e-mail utilisée par l'arnaqueur est encore active. Je prends les numéros de téléphone que Christelle m'a donnés, je me fais passer pour un fan moi aussi, je contacte le faux Keen'V, puis je lui envoie mon lien piégé classique, un IP logger déguisé en fausse page de paiement. Il clique dessus dans les cinq minutes, et je récupère sa localisation exacte : Abidjan, Côte d'Ivoire.

Je vérifie l'adresse IP dans mes bases de données, et là je tombe sur l'identité complète du gars. C'était le même type derrière tous les faux profils des chanteurs de Christelle.

Un seul brouteur qui jouait cinq personnages différents et qui parvenait à tenir des conversations sur plusieurs années avec ses victimes. Du grand art criminel.

Comment avait-il réussi à convaincre Christelle qu'il était simultanément cinq célébrités différentes ? La méthode était diaboliquement simple et efficace.

Phase 1 : l'appâtage *via* les fausses pages de fans. Il créait de fausses pages Facebook de « fan-clubs officiels », avec des milliers de faux abonnés achetés. Christelle, en grande fan, s'abonnait et commentait régulièrement.

Phase 2 : le contact privé. Après quelques semaines, elle recevait un message privé du « vrai » Kendji Girac. Quelque chose du style : « Salut Christelle, j'ai vu tes commentaires sur ma page, je te remercie pour ton soutien et j'aimerais que nous puissions échanger plus souvent ensemble, je pense que c'est toi ma plus grande fan donc si tu veux je peux te faire adhérer à mon club VIP ! »

Phase 3 : la création de proximité. Il parlait des autres célébrités comme si c'étaient ses amis proches, en les appelant par leur prénom. « Matt Pokora vient dîner à la maison ce soir », « Slimane et moi on prépare un duo ». Technique de validation sociale imparable.

Phase 4 : les fausses urgences. Plus c'est gros, plus ça passe. Il envoyait des photos de « lui » en train d'arriver en taxi : « J'arrive chez toi, j'ai ton argent ! » Christelle attendait toute la journée… et il n'arrivait jamais, finissant par prétexter un décès, une hospitalisation ou un accident routier.

Phase 5 : l'exploitation de l'actualité. Quand le vrai Kendji Girac s'est blessé par balle, le faux Kendji a immédiatement exploité l'événement pour solliciter des dons auprès de Christelle. L'escroc a aussi exploité certaines polémiques autour de Slimane, les problèmes personnels de Dadju. Il lui a même fait croire que si elle payait assez, Kendji Girac pourrait représenter la France à l'Eurovision.

Cette manipulation durait depuis quatre ans. Selon mes estimations, depuis deux ans, Christelle était sous emprise totale. Problèmes de santé inventés, concerts annulés à cause d'elle, menaces de suicide si elle ne payait pas… Tout y passait.

Ce sont toujours les gens gentils, généreux, pas calculateurs, qui se font avoir. Ça me brise un peu plus le cœur à chaque fois.

Peu de temps après, mon rapport d'enquête est prêt.

Mais je sais très bien que le résultat de l'enquête va mettre un coup de massue à Christelle si je lui annonce brutalement la vérité.

Je prends des gants :

« Christelle, comment vous géreriez si jamais vous découvriez que ce ne sont pas eux ? »

Sa réponse me glace : elle me dit que si ce n'est pas eux, il y a de grandes chances qu'elle fasse une très grosse bêtise.

J'avais déjà connu le suicide d'un de mes clients quelques semaines auparavant, et je craignais que Christelle puisse attenter à ses jours. Je ne peux pas lui annoncer une mauvaise nouvelle qui pourrait l'achever définitivement : je décide d'attendre quelques jours avant de lui dire la vérité.

Pendant cette période, elle m'appelle en permanence. Dans sa tête, elle a activé le mode « il faut que je lui prouve que je parle aux vraies stars ». Malheureusement, toutes les preuves que l'escroc lui envoyait – montages photo, faux billets d'avion, fausses géolocalisations –, elle se met à me les transférer en me demandant si je suis aveugle.

Elle m'envoie une photo que « Kendji » lui a envoyée, de lui en train de payer dans un taxi... qui avait clairement été trouvée sur Google Images.

Jour 1 : je ne dis rien.

Jour 2 : je joue le naïf.

Jour 3 : même chose, mais ça fait trois jours qu'elle m'appelle.

Elle commence à s'impatienter de ne pas avoir encore de résultats et me remonte les bretelles. J'ai pourtant déjà le rapport d'enquête entre les mains, mais comment faire pour qu'elle accepte la réalité ? Qu'elle comprenne enfin qu'il s'agit bien d'un seul escroc qui parle à la place de toutes ces stars ? Pour y parvenir, ce sera un peu plus complexe que prévu.

Au bout de trois jours, comme convenu, j'essaie de lui remettre son rapport d'enquête par e-mail. Je lui rappelle qu'elle a payé la moitié de l'enquête au lancement, et qu'elle nous doit l'autre moitié.

Elle lit le rapport en diagonale et me dit directement au téléphone qu'elle n'en croit pas un mot.

« Non, c'est des conneries, ça. »

Refus total d'y croire. Elle me dit que c'est impossible qu'il soit en Côte d'Ivoire… Que quand elle est allée voir Kendji Girac, il lui a dit qu'il se rappelait d'elle. Pareil pour Matt Pokora.

Je demande à Christelle où elle est, et lui propose de venir près de chez elle, pour lui montrer en direct comment on a fait pour prouver tout ça. Elle répond qu'elle ne réglera la seconde moitié que si je lui prouve qu'elle a tort.

Je prends ma voiture, direction Tours. Plus de deux heures de route pour aller convaincre une dame qu'elle ne parlait pas réellement aux plus grandes stars de la chanson française.

Je la retrouve à un bar PMU. Un troquet classique de quartier : néons qui grésillent, odeur de clopes et de bière, écrans qui diffusent les courses de chevaux, quelques habitués accoudés au zinc.

Christelle m'attend. Pour elle, c'est un événement : elle rencontre quelqu'un qui passe à la télé !

« Marwan ! Je suis tellement contente de vous voir ! »

Je comprends que son truc, c'est vraiment ça : rencontrer des gens célèbres, ou qui ont un semblant de notoriété. Ça explique en partie pourquoi elle est tombée dans le piège des fausses célébrités.

« Christelle, je vais vous expliquer ce qu'on appelle l'OSINT, puis les IP loggers... »

Je vois bien qu'elle ne comprend pas les termes techniques. Ses yeux se perdent quand je parle de « géolocalisation par adresse IP » ou de « métadonnées ».

« Bon, ce que je vous propose, c'est de vous faire une démonstration en direct de ce qu'on a découvert. Avec qui vous échangez en ce moment ?

– Keen'V ! Tenez, voilà son numéro. »

J'envoie un message sur WhatsApp, le gars répond immédiatement et j'entame la conversation avec lui. Je me fais passer pour un fan et lui dis que ce serait bien qu'il vienne dans ma ville, ce à quoi il me répond exactement la même chose que celle qu'il avait dite à Christelle : j'aurais l'honneur d'intégrer son club VIP de fans. Coût de la manœuvre : 500 euros. Il m'envoie un IBAN et, quelques secondes plus tard, je réponds : « Paiement confirmé » tout en lui mettant un lien piégé.

On attend. Cinq minutes plus tard : clic.

« Regardez l'écran, Christelle. »

Sur mon MacBook, les informations s'affichent en temps réel :

Localisation : Abidjan, Côte d'Ivoire

Adresse IP : 41.203.xxx.xxx

Heure locale : 15 h 47 (GMT+0)

Le visage de Christelle se décompose lentement.

« Oh... C'est en Afrique...

– Exactement. Et maintenant, regardez ça.

Je tape l'adresse IP dans ma base de données personnelle. L'identité complète du type s'affiche.

– Voilà votre Vincent Niclo, Christelle.

Silence complet.

– On refait la même chose avec Kendji ?

– Non... Ils ne vont pas cliquer, maintenant ils ont compris le piège...

– Alors, Christelle, on va au commissariat porter plainte ? »

Elle accepte.

Et surtout, Christelle commence enfin à parler d'escroquerie. Pour la première fois depuis quatre ans, elle utilise le bon vocabulaire. « Je me suis fait arnaquer par quelqu'un qui se faisait passer pour des chanteurs. » Voilà comment elle explique aux policiers son escroquerie.

Exceptionnellement, les policiers acceptent que je sois présent pendant sa déposition pour expliquer l'aspect technique.

Après cette prise de conscience au commissariat, Christelle traverse une phase de remontée spectaculaire. Pendant deux ou trois semaines, elle m'appelle tous les jours, euphorique, en me disant qu'elle a retrouvé l'identité de son escroc elle-même.

« Marwan ! Tu te rends compte ? J'ai retrouvé l'identité de mon escroc ! C'est un gars en Côte d'Ivoire ! Tout est fini ! »

Elle règle enfin sa facture, intégralement et sans rechigner. Avec le temps, j'ai fini par espacer mes réponses, puis par arrêter complètement de répondre. On avait résolu son problème, retrouvé son escroc, ça suffisait largement.

Malheureusement, elle n'a jamais récupéré son argent. Tout avait été envoyé *via* des services de transfert en ligne avec décharges de responsabilité. Impossible de récupérer quoi que ce soit.

Cette histoire révèle des choses profondes sur la psychologie humaine face à l'escroquerie. On se rend compte que ça touche aux faiblesses fondamentales de notre espèce. Peu importent le statut social, les origines ou l'intelligence, l'être humain reste un animal social. Et quand tu gagnes la confiance d'un être humain, c'est comme si tu l'avais hacké.

Pour ce type de clientèle, on est obligés de redoubler de patience, d'être très pédagogues au téléphone, très compréhensifs, et surtout de ne jamais brusquer les gens. On a développé des processus spécifiques pour accompagner les victimes qui refusent de reconnaître la vérité.

Par exemple : on aime bien refaire l'enquête avec eux en direct. On ne le fait pas souvent, parce que ça nous met en retard sur les dossiers de nos autres clients. Mais quand quelqu'un doute, on n'hésite pas à tout recommencer devant eux, à lui expliquer chaque élément technique, pour qu'il comprenne et accepte la réalité.

IP logger, WHOIS, serveurs... tout cela reste mystérieux pour la plupart des gens, et c'est bien normal. Notre job, c'est aussi de vulgariser et d'expliquer.

Cette histoire me rappelle chaque jour pourquoi ce métier est nécessaire. Derrière chaque victime d'escroquerie, il y a un être humain qui a juste voulu croire à un peu de magie dans sa vie. Et parfois, cette magie se transforme en cauchemar qu'on n'arrive plus à arrêter.

Notre mission ? Réveiller les gens de ces cauchemars, même quand ils préfèrent continuer à rêver.

14.

Comment faire tomber des rappeurs proxénètes ?

L'histoire de Leyna, 14 ans, prostituée par des rappeurs de troisième zone dans un Airbnb de la région Occitanie, raconte comment une enquête de routine va non seulement lui donner temporairement du répit, mais peut-être mettre un coup de jeune dans le système français d'investigation sur la prostitution des mineurs.

Ça commence par un coup de fil d'un directeur régional de MDEPA. Pour ceux qui ne connaissent pas, la MDEPA, c'est la Maison départementale de l'enfance et des parents. Ces gens-là, ils accompagnent des jeunes avec des parcours de vie compliqués, ils les aident à s'en sortir. Pas exactement le genre de clients qu'on a l'habitude de croiser dans notre business habituel de traques d'escrocs divers et variés.

« Je viens de voir votre passage dans *Legend*, je trouve ça super. J'avais déjà vu le premier, et le deuxième avec Anne, je me suis dit que vos méthodes pourraient peut-être nous aider », me lance-t-il d'emblée.

Sa voix est posée, professionnelle, mais je sens une urgence sous-jacente. Le mec n'appelle pas pour faire la causette. Il m'explique leur problème : « En ce moment, on a une enquête en cours de prostitution de mineure, avec des proxénètes à identifier, pour faire en sorte que la petite soit remise à ses parents et qu'on puisse arrêter les coupables. »

Je dis bien sûr, aucun souci. Dans ma tête, je me dis que c'est exactement le genre d'affaires pour laquelle j'ai créé cette boîte. Je lui demande des détails sur l'affaire, et là, il me balance un truc qui me fout un coup au ventre.

C'est une jeune de 14 ans. Quatorze ans ! J'en ai vu, des trucs, mais une prostituée de 14 ans... Cette gamine avait une adolescence très compliquée. Ses parents n'en pouvaient plus et étaient excédés que leur fille ait fugué.

Au moment de son coup de fil, le directeur de la MDEPA soupçonne qu'elle est partie se prostituer, car elle a des antécédents. Mais voilà le truc qui me fait complètement halluciner : « Qu'envisages-tu en termes de rémunération ou partenariat ? » je demande, pensant à notre tarif habituel de 1 500 euros TTC.

Il me répond un truc qui me scotche : « On avait pensé à mettre en place un partenariat entre le département et ta société pour faire en sorte d'enquêter vite, car nous, sur ce type d'enquêtes, entre le moment où les investigateurs lancent le travail et le moment où ils arrivent à faire réagir les juges d'instruction, il se passe 11 mois en moyenne. »

Onze mois ! Pendant ces 11 mois, cette gamine de 14 ans, elle se fait violer tous les jours par des porcs qui se foutent complètement de son âge. Pendant que les flics remplissent des formulaires et que les juges valident des procédures, elle, c'est sa vie et son avenir qui sont en jeu. Ce système me dépasse un peu.

Nous, on a des délais moyens de deux à trois semaines. Trois semaines pour retrouver l'identité des macs, leur adresse, leurs comptes bancaires, toute la panoplie. De là, j'ai pas mal d'idées qui me viennent.

Ce que les gens ne comprennent pas, c'est le bordel administratif monumental que cela représente de monter un truc pareil. On n'est pas dans une série américaine où le héros balance deux coups de fil et hop, il a carte blanche pour sauver le monde. Non, on est en France, pays des formulaires en triple exemplaire.

Je trouve un accord avec le directeur de la MDEPA qui consiste à faire ce dossier-là gratuitement. Pourquoi gratuitement ? Parce que je veux qu'ils voient comment fonctionnent nos prestations, que notre expertise peut effectivement leur être utile, et surtout parce que cette histoire de gamine de 14 ans, elle me remue les tripes. J'ai beau être un ancien escroc, il y a des limites.

Mais attention, maintenant commence le vrai parcours du combattant. Le directeur fait valider ça par le CDEF (Conseil départemental de l'enfance et de la famille), qui en avise la juge d'instruction, qui fait remonter ça au département, dont les élus valident l'expérimentation du projet.

À chaque étape, il faut expliquer, rassurer, convaincre et documenter. « Non, Madame la Juge, on ne va pas faire n'importe quoi. Si, Monsieur le Procureur, on va respecter la loi. Bien sûr, Madame l'élue, on va documenter chaque action. »

L'attente a été longue avant de lancer l'enquête : le proc a dû valider le projet, des juges aussi, puis il a fallu attendre que des budgets soient créés pour ça. Mais à partir de ce moment-là, c'est bon, le directeur me rappelle tout content pour me le dire. « Il n'y a plus qu'à. »

Sauf que maintenant, on doit constituer un dossier, car c'est bien plus délicat qu'une escroquerie classique où un mec s'est fait voler sa Rolex, et un cran encore au-dessus des affaires où les victimes sont confrontées aux pensées suicidaires. Là, on parle de prostitution de mineure, de proxénétisme, de traite d'êtres humains. Du lourd.

Il faut que le rapport d'enquête soit alimenté en temps réel au fil de nos découvertes : je dois écrire à mon référent hiérarchique, le directeur de la MDEPA, qui lui-même en avise la juge d'instruction. C'est un suivi en temps réel avec les forces de l'ordre, parce que la moindre action tangente ou pas professionnelle pourrait mettre en péril toute une enquête qui dure depuis des mois.

Sur ces dossiers, tu n'as pas le droit à l'erreur. Un exemple concret : admettons que tu éveilles les soupçons chez un proxénète parce que tu poses une question de travers ou que tu utilises un faux profil mal ficelé, il peut supprimer toutes ses coordonnées, changer de téléphone, de planque, et tu dois tout recommencer à zéro. Les forces de police auraient voulu ma peau si ça avait été le cas, et à juste titre.

C'est tout un poids moral qui vient alourdir la chose. Je me disais « là, ce soir, je m'apprête à dormir, et de l'autre côté il y a une maman en pleurs et surtout Leyna, 14 ans, qui se fait payer par des dérangés mentaux en manque de relations sexuelles ». J'avais beaucoup de mal à m'endormir avec ça en tête, donc je bossais jusque très tard sur le dossier.

Quand on a lancé l'affaire, le directeur de la MDEPA m'a mis en relation avec tous les étages de la chaîne. C'est là que j'ai découvert un monde que je ne connaissais pas : celui de la justice quand elle fonctionne bien, quand les gens sont motivés, compétents, et qu'ils œuvrent pour le bien.

Monsieur le brigadier-chef de police du groupe lutte contre le proxénétisme dans le département. Un mec carré, qui ne rigole pas avec ce genre d'affaires. On était en relation avec lui premièrement pour lui expliquer les manœuvres qu'on comptait mettre en place pour qu'il valide tout, et aussi pour qu'il puisse nous donner ses directives techniques et légales.

Par exemple, ne pas utiliser nos vrais noms. Ça paraît con dit comme ça, mais quand tu infiltres des réseaux de proxénètes, tu n'as pas envie que ton identité réelle traîne dans leurs téléphones. Ces mecs-là, ils n'hésitent pas à s'en prendre aux familles quand ils se sentent menacés.

Et puis, il y a eu la juge d'instruction. Quand on lui a présenté le projet, elle nous a dit qu'il fallait faire attention à ne pas inciter qui que ce soit à commettre un délit. Traduction : ne surtout pas dire à la gamine : « Tiens, et si tu allais te prostituer pour qu'on puisse choper tes macs ? » Il fallait tenter une approche pas du tout judiciairement répréhensible, pour qu'on ne puisse rien reprocher à l'enquêteur. C'est logique, mais, en ce qui me concerne, ça complique sacrément la donne.

C'est là que j'ai eu une première idée. Je me suis souvenu d'une cliente qu'on avait eue peu de temps auparavant, qui s'était confiée à moi et m'avait expliqué être une ancienne escort. Son ancien mac la menaçait de mort, et elle voulait prouver que c'était bien lui qui s'en prenait à elle. On avait résolu son problème, elle était super satisfaite de nos services.

Et là, je me dis : elle pourrait peut-être m'aider. Avec son accord, pour faire des phases d'ingénierie sociale, ce serait beaucoup plus simple. Pour accéder à la fille, mais aussi aux macs. Qui de mieux qu'une ancienne du milieu pour comprendre les codes, les techniques de manipulation, les failles psychologiques ?

Je l'appelle. « Écoute, j'ai besoin de toi pour une mission un peu spéciale. Il y a une gamine de 14 ans qui a fugué de chez elle et qui se prostitue, ses parents sont à sa recherche et on doit l'aider à s'en sortir en la localisant, elle et ses macs. Tu penses que tu pourrais nous aider ? »

Mon ancienne cliente – appelons-la Ruby – me dit oui directement. Sans hésiter une seconde. Elle a été très touchée par la cause de la prostitution des mineures.

Je lui explique le deal : utiliser ses connaissances et son jargon d'ancienne escort pour approcher la gamine, gagner sa confiance, et surtout documenter absolument tous ses échanges avec elle. « Il faut que tu fasses des tas de captures d'écran, en permanence, pour qu'on puisse documenter ta démarche. Tout, absolument tout doit être traçable. »

Vu qu'on est main dans la main avec les forces de l'ordre et leurs cellules d'enquête, dès qu'on trouve quelque chose, les actions de police sont entreprises très vite.

Le directeur de la MDEPA m'envoie le compte Snapchat de la mineure ainsi que quelques informations au sujet des proxénètes suspectés. Ces gens-là se présentaient comme des rappeurs, et il n'y avait aucune autre info sur eux. Après avoir reçu tous les éléments, on commence à réfléchir au piège qu'on va mettre en place.

Ruby entre d'abord en contact avec la jeune en l'ajoutant sur Snapchat. Messages qui s'effacent, photos temporaires, émoji à tout-va, interface bancale… Snapchat est un paradis pour les proxénètes, mais un cauchemar pour les enquêteurs.

À sa grande surprise, la jeune accepte tout de suite la demande de contact, et elles commencent à échanger. Premier message de Leyna, qui demande qui lui a donné son Snap.

La réponse de Ruby ne tarde pas. Elle la rassure en expliquant que c'est une copine, et que cette copine ne veut pas donner son identité.

La petite finit par lâcher l'affaire. Dans son monde, c'est normal qu'on se passe des contacts comme ça. Elle commence à parler normalement, et à demander à Ruby d'où elle vient, et pourquoi elle l'ajoute. Et là, Ruby sort l'approche de génie. Au lieu de jouer la copine qui s'inquiète ou la grande sœur protectrice, elle attaque :

– Je cherche à me faire de l'argent, ma copine m'a dit que tu étais bonne pour ça. Comment tu fais ?

Bingo ! La petite, c'était un livre ouvert. Pas de méfiance, pas de circonspection. Et elle lui répond qu'elle bosse dans un Airbnb, qu'elle est escort, en ponctuant sa phrase par « wesh ! ».

Quatorze ans, et elle se vante de « bosser » comme escort. Dans sa tête, déformée par ses macs, c'est devenu normal, presque valorisant. La jeune lui explique tout : qu'elle gagne 1 000 euros par jour, qu'elle va changer d'appart pour se lancer en solo. Comprendre : sans mac.

Au bout de quelques jours, elle commence même à proposer à Ruby de faire escort avec elle : elle n'a qu'à venir, il y a de la place dans l'appartement.

Pendant ce temps, Ruby crée méthodiquement une proximité avec elle pour essayer de récupérer des informations sur ses proxénètes. De là, on commence à obtenir un compte Snapchat des macs, un numéro de téléphone, quelques photos. On comprend qu'ils viennent de la région de Montpellier. Déjà, on a pas mal d'infos pour commencer.

Pendant que Ruby bosse sur Leyna, moi, avec mes équipes, on lance les investigations techniques sur les infos qu'on a récoltées. Et en parallèle, on monte une deuxième opération : Ruby va opérer un rapprochement avec les macs.

Cette fois-ci, elle se fait passer pour l'amie d'une ancienne fille qu'ils faisaient bosser et dont elle a récupéré le prénom en discutant avec Leyna. L'histoire, on l'a soigneusement montée : « Salut, je suis la copine de Shana (nom inventé), elle m'a parlé de vous, elle m'a dit que vous étiez réglo. »

C'est tout l'art de l'ingénierie sociale : donner juste assez d'infos pour être crédible, mais pas trop pour ne pas éveiller les soupçons. Avec les proxénètes, elle se faisait passer pour une ancienne escort qui voulait se remettre à bosser, alors qu'avec Leyna, elle disait qu'elle ne l'avait jamais fait et qu'elle voulait se lancer.

Et de là, petit à petit, elle va essayer de gagner leur confiance, un peu comme les escrocs gagnent la confiance de leurs victimes. Elle interagit avec leurs musiques (oui, ils postaient leurs bouzes sur les réseaux), elle envoie des photos d'elle avec des filtres pour ne jamais montrer son vrai visage.

Plusieurs fois, le gars essaie de voir la fille en vrai, donc ça veut dire qu'elle lui plait et qu'elle l'a ferré. À force d'échanges, on finit par comprendre que, dès l'instant où nous lui enverrons un lien, il cliquera dessus sans même se douter de quoi que ce soit.

Avant d'envoyer le lien piégé, je voulais m'assurer qu'on ne prenait aucun risque légal ou technique. Je dis à Ruby :

« Le problème, c'est que là t'as communiqué avec lui, t'as envoyé des snaps de toi. Est-ce que t'as mis ta tête dessus ?

– Non, jamais. J'ai une technique pour faire des captures d'écran sur Snapchat sans que le correspondant puisse voir que j'ai effectué un screenshot et je t'ai transmis toutes les captures d'écran des snaps que je lui ai envoyés », me répond-elle.

Elle avait bien respecté ma demande.

Elle m'envoie toutes les captures d'écran qu'elle a accumulées. Tout était documenté. Un travail de pro.

On décide d'envoyer au proxénète un lien piégé *via* son compte Snapchat. Le principe, c'est simple : on crée une page Web qui ressemble à une vraie annonce d'escort, mais qui en réalité capture l'adresse IP, la géolocalisation, et d'autres données techniques de celui qui clique dessus.

Et le gars tombe dans le piège et comme un con il clique. Pas une fois, pas deux fois, mais quatre fois ! Il n'a absolument pas capté que c'était un lien piégé. On a donc sa localisation exacte et son adresse IP réelle.

Et là, c'est Noël avant l'heure. L'adresse IP, elle est au nom d'une mère de famille basée sur Montpellier. Donc on se doute immédiatement que c'est sa mère. Le mec habite encore chez maman et fait du proxénétisme. Classe.

Mais on ne s'arrête pas là. La ligne téléphonique qu'il utilise pour ses « affaires », elle est payée par sa mère aussi. Et ses factures téléphoniques, devinez où on les trouve ? Sur IntelX, une grosse base de données sur laquelle il y a plein de leaks d'opérateurs téléphoniques.

Pour expliquer rapidement IntelX : c'est une plateforme qui indexe toutes les fuites de données publiques. Quand des opérateurs téléphoniques se font hacker et que leurs bases de données clients fuient, ça finit une fois sur deux sur IntelX.

Donc là, on fait une synthèse complète de nos captures d'écran, de toute notre démarche, et on envoie le rapport complet au directeur de la MDEPA. On fait un témoignage détaillé à l'enquêtrice, je fais un témoignage moi aussi avec toutes les preuves techniques, et on envoie tout cela à la MDEPA.

Et le directeur, stupéfait par la qualité de notre travail, est sur le cul. Complètement sur le cul. « Mais comment vous avez fait ? En trois semaines, vous avez l'identité complète des proxénètes, leur adresse, leurs téléphones, leurs habitudes… Nous, ça nous aurait pris des mois ! »

Il me dit qu'on pourrait aller encore plus loin, parce qu'on n'avait pas encore répondu à l'une des questions centrales : où était physiquement la petite ? On savait qu'elle était dans un Airbnb, mais lequel ? Dans quelle ville exactement ?

Je rappelle Ruby. « Maintenant, il faut se concentrer sur la petite, parce qu'il faut vraiment qu'on la retrouve physiquement pour que les flics puissent intervenir. »

Ruby, qui s'était déjà fait copine avec la petite, va maintenant pousser le jeu encore plus loin. Elle donne l'illusion à Leyna qu'elle va la rejoindre pour bosser avec elle. « J'ai réfléchi à ce que tu m'as dit, je pense que je vais venir te voir. »

Leyna, elle, était complètement obnubilée par le fait d'avoir quelqu'un qui la rejoigne pour bosser avec elle sur place. Elle se sentait seule. Une gamine de 14 ans, seule dans un appartement, qui attend des clients toute la journée... L'horreur absolue.

Ruby lui fait miroiter sa venue. « Je prends le train demain, je te rejoins. »

Et là, pendant ce faux « trajet » en train, Leyna, toute excitée, envoie à Ruby le lien de son annonce sur le site d'escort. « Regarde, voilà comment je fais ma pub, tu peux t'en inspirer pour faire la tienne. »

Une fois qu'on a eu l'annonce, on a eu le numéro de téléphone avec lequel elle travaillait, ses photos, la description de ses services... Tout. Je dis à Ruby : « Maintenant, on a ce qu'il nous fallait. Trouve une excuse, dis-lui que tu dois faire demi-tour. »

Elle s'exécute. « Ah merde, ma mère vient de m'appeler, il y a un problème à la maison, je peux pas venir aujourd'hui. Je repasse demain soir », dit-elle, faussement paniquée, à Leyna.

La jeune avale le mensonge sans problème. Dans son monde, les galères familiales, c'est monnaie courante.

Et pendant ce temps-là, nous, avec le numéro de téléphone qu'elle utilise pour son « travail », on se fait passer pour des clients. J'envoie un SMS : « Salut, je suis tombé sur votre annonce, c'est combien pour une heure ? »

La petite répond immédiatement. « 100 euros de l'heure, bébé. Tu viens quand ? »

Cent euros de l'heure. Une gamine de 14 ans qui se vend pour le prix d'une paire de baskets. Et elle nous donne l'adresse du lieu où elle est. Comme ça, sans méfiance.

On fait des petites recherches sur cette adresse. On voit que l'appartement ressort dans une SCI familiale. On trouve les coordonnées des propriétaires puis on les appelle. « Bonjour, on est enquêteurs privés, on travaille avec la police sur une affaire de prostitution de mineurs. Votre appartement au [adresse] est actuellement loué, n'est-ce pas ? »

Évidemment, les propriétaires tombent des nues. Ils nous confirment que l'appartement est loué comme Airbnb. Ils pensaient louer à des touristes, et ils se retrouvent avec un bordel clandestin.

On leur explique la situation dans les grandes lignes, on leur demande de nous donner les informations sur les personnes qui louent leur propriété. Identité du locataire, mode de paiement, durée de location, tout... Et de se rendre au plus vite au commissariat de leur ville.

Et là, c'est le jackpot final. Les informations qu'ils nous donnent confirment que c'est bien le gars qu'on a identifié grâce au lien piégé. Même nom, même téléphone, même carte bancaire. Et on apprend aussi qu'ils sont plusieurs à avoir loué l'appartement. La boucle était donc bouclée.

Avant de terminer, il faut que je vous parle de ces individus qui se faisaient passer pour des rappeurs. Parce que c'est important de comprendre qui on avait en face de nous.

Initialement, ce qu'on voulait faire pour les piéger, c'était se faire passer pour une maison de disques, les approcher en disant « on aimerait bien vous signer, mais il nous faut vos cartes d'identité pour le contrat ». Finalement, on s'est dit que travailler avec Ruby serait plus approprié, mais, pour préparer le coup, j'ai quand même dû écouter leur musique.

Non, « écouter » c'est trop dire. J'ai plutôt « subi » leurs merdes sonores. C'est catastrophique : un délire rap sous autotune mal chanté, avec des paroles de collégiens.

Mais derrière cette façade de rappeurs de troisième zone, ce sont des jeunes de cité chevronnés, qui baignent dans le trafic de stups, et ils font bosser des nanas à côté.

Les flics m'ont dit que quand ils ont regardé leur casier judiciaire, ils ont trouvé des trucs de fou. Ces mecs-là, ce ne sont pas juste des petits maquereaux de quartier. C'est de la vraie racaille dangereuse et inconsciente.

Il y avait désormais suffisamment de preuves pour que, côté forces de l'ordre, ils puissent lancer les démarches d'interpellation. Le directeur de la MDEPA me dit qu'il va en aviser immédiatement la juge d'instruction et le département.

Le brigadier-chef Kavoski m'a aussi rappelé pour me remercier d'avoir permis d'aller bien plus vite que d'habitude. « Marwan, franchement, chapeau. En trois semaines, vous avez fait ce qui nous aurait pris des mois. On va pouvoir interpeller ces ordures dans les 48 heures. »

Les flics les ont effectivement arrêtés, je pense même que les proxénètes ont été inculpés. L'objectif était qu'ils ne sachent jamais que c'est moi et Ruby qui sommes à l'origine de leur chute. Mission accomplie.

Mais voilà où ce genre d'affaires peut devenir frustrante. La petite a finalement pu retourner chez ses parents. On pensait que c'était gagné, qu'on l'avait sauvée. Mais, quelques jours après, elle a dit à ses parents qu'elle allait chez sa grand-mère, à Paris. Ils l'ont laissée partir seule, alors qu'elle n'a que 14 ans ! On s'est aperçus plus tard qu'elle était en réalité partie à La Jonquera, un petit territoire espagnol à la frontière de la France tristement connu pour la prostitution de masse. Des camionneurs qui s'arrêtent, des filles exploitées, une zone de non-droit où les mineurs finissent souvent. Apprendre que Leyna était là-bas, ça m'a mis un terrible coup au moral.

C'est là que cette affaire prend toute sa dimension tragique. On peut arrêter les proxénètes, démanteler leurs réseaux, sauver une gamine temporairement, mais tant qu'on ne s'attaque pas aux causes profondes, tant que ces jeunes filles ne trouvent pas d'alternative, elles y retourneront.

Le directeur de la MDEPA m'a parlé du contrat de partenariat qu'il souhaitait passer, et il m'a dit qu'il allait essayer de nationaliser cette démarche. Aujourd'hui, au moment où j'écris ces lignes, on en est là, peut-être à quelques mois de signer un accord national pour aider les policiers à aller plus vite sur des enquêtes de trafic de mineurs – la phase test du projet a été réussie haut la main.

Les démarches sont en cours, et le projet pourrait être lancé dès l'automne 2025. Si ça se concrétise, ça voudra dire qu'on aura révolutionné la manière dont la France traite la prostitution des mineurs.

Remerciements

Je souhaite exprimer ma profonde gratitude à Manuel Diaz, Philippe Guesnier, Paolo Krinho, Guillaume Pley, Sébastien Sigaut-Maňas, Inès De Rouziers, Sylvain Hajri, Madame Benkia, Florian Migairou, Anthony Mansuy, ainsi qu'aux équipes du média *Legend*. Sans leur confiance, leurs conseils et leur soutien, FindMyScammer n'aurait peut-être jamais été ce qu'elle est aujourd'hui.

Ce livre est également un hommage personnel : je le dédie à ma mère, dont la force et la résilience face aux épreuves ont marqué ma vie. Les cicatrices laissées par une existence mouvementée par mes actes témoignent de son courage silencieux, et je lui dois plus que je ne saurai jamais l'exprimer.

Enfin, j'aimerais que ce livre soit perçu comme un message d'espoir : aucune situation n'est jamais totalement perdue, car il existe toujours une issue pour celui qui choisit de chercher au bon endroit.